心折れそうな自分を応援する方法

現役子育てパパでも夢を諦めない

花木裕介 著

セルバ出版

はじめに　夢や目標を諦めかけているすべてのお父さんへ

はじめまして、私、花木裕介と申します。

本業は、人材育成事業会社の一般社員で、主に研修教材等の制作業務を担当しています。共働き家庭で子どもは2人おり、長男が4歳、次男が1歳半です。

平日は、子どもたちを保育園に送り届けてから、片道2時間強かけて職場へ行き、大体21時から23時頃に帰宅しています。

休日である土日は、家族で出かけたり、平日できなかった家事を妻と分担して行ったりしています。

こうした、ごくごく普通の子育て世代のサラリーマンです。

そんな私がなぜ書籍を発行することができたのか。それは、２０１１年の東日本大震災以降、約4年間続けてきた復興応援活動があったからに他なりません。

それまでは、普通の子育て世代のサラリーマンであることに加えて、そのことに対して不満ばかり抱いていました。

「仕事と家事育児で、時間も体力も回らない」

「好きだったサッカーや温泉に行く時間もない」

「いつかやりたいことがあるけど、当分は先延ばしか……」

私が本当にやりたかったこと。それは、「自分の経験に基づいた意見や考えを文章で伝え、1人でも多くの人に影響を与えていくこと」でした。

しかし、4年前の私は、書籍はおろか、せっかく立ち上げたブログですら、15本程度更新しただけで、1年以上滞っているような状態でした。

転機は2011年。大震災が起き、少しずつですが、それまでと意識が変わっていくのを感じました。「このまま不満ばかりを抱き続けて果して本当に後悔しないのだろうか……」と。

それでも、考えるだけなら過去にも何度も繰り返してきました。

私にとって、決定的に足りていなかったこと。それは「本当にやりたかったことに対する行動」でした。独身時代でもできなかったのに、家庭を持ち、さらには子どもを養っている自分にできるはずがないと諦めてしまっていました。

震災から3か月目のある週末。勇気を出して、宮城県石巻市を単身で訪れました。

そこで見た被災地の惨状や目を覆いたくなるような現実は、テレビで見ていたインパクトをはるかに超えていました。

このとき、「きょう、自分が見たものを、まだ見ていない方々に伝えていくことこそが自分の使命なのではないか」と強く思いました。

ボランティア経験など全くありませんでした。それでも、「震災を風化させたくないという自分なりのメッセージを届けたい」という一心から、メルマガ発行、Facebookページ開設、オリジナルチャリティTシャツ制作、フルマラソン挑戦、文章講座開講、富士山登頂など、自分にとってこれまで手が届かないと思っていた夢や目標に取り組んできました。本書執筆も同様です。

今回、1番読んでいただきたいのは、タイトルにもあるとおり、「現役子育てパパ」の方々です。「世はイクメンブームだが、もしかすると、私と同じようなジレンマを抱えているお父さんもいるのではないか」という疑問が出発点です。

多くのお父さんたちは、責任のある日々の仕事に加えて、家事や育児も当たり前にこなしているように見えます。一方で、かつて抱いていた自身の夢や目標を諦めかけたり、先延ばしにしたり、両立に頭を抱えたりしているお父さんも少なからずいることを自身の見聞を通じて実感しました。

どんなに頑張ってもゴールが見えないとき、心が折れそうになったとき、そんなときこそ「応援」の力が必要になる。私はそう信じて、約4年間復興応援活動を行ってきました。そして、私が活動を続けてこられたのも、多くの方の「応援」があってこそです。

一方で、他者の「応援」が必要であっても、どうにかして自分で乗り越えていかなければならないときもあります。

本書では、私自身が「被験者」の1人として取り組んできた「自分を応援する方法」を、あくまでも私の主観でご紹介していきます。

断定的な表現をしている箇所もありますが、もちろん私がすべての方法を完全に身につけているわけでは決してありません。あえて厳しめに書かせていただくことで、自分自身も心折れそうなときに叱咤してもらえるような、そんな書籍を目指しました。

平成26年12月

花木　裕介

心折れそうな自分を応援する方法―現役子育てパパでも夢を諦めない　目次

第5章　応援ツール③：習慣を味方にする

第8章　使命感をパワーに変える

【本書の目的】 自分を応援する方法を身につけ、夢や目標に向かっていく

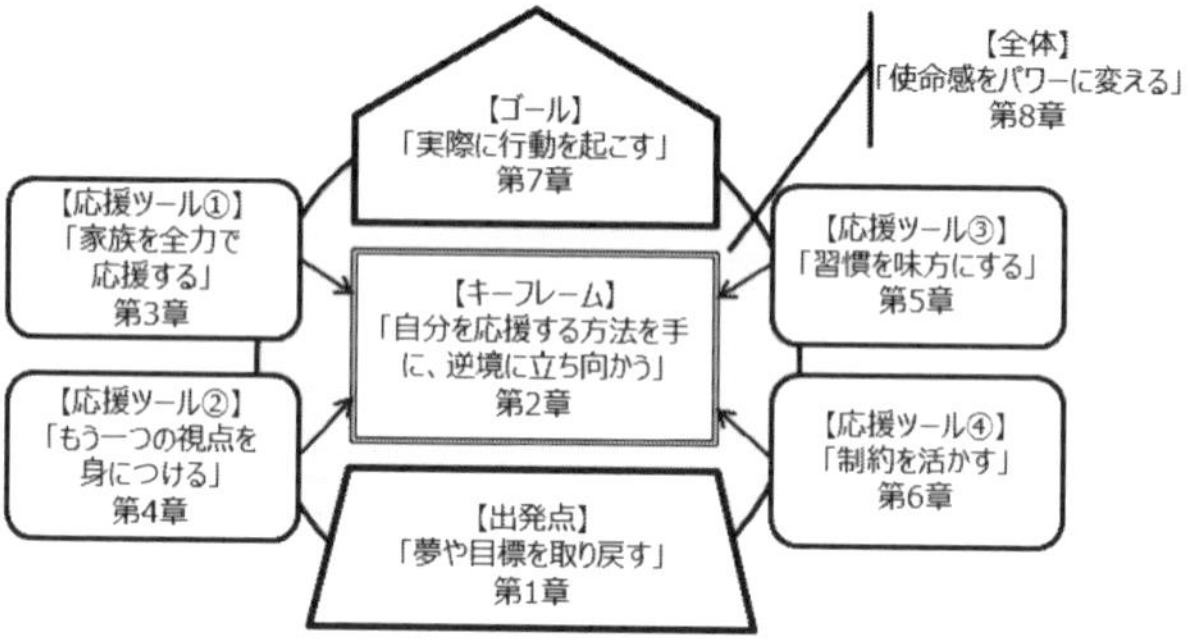

第1章　夢や目標を取り戻す

本章では、出発点として、日常に忙殺され諦めかけていた夢や目標を取り戻すための方法を考えます。

1　仕事も家族も大事。でも、自分自身の夢も諦めたくない

自己犠牲を家族は望んでいない

血の通った子どもたちと家族に囲まれた日々。それは幸せという他ない環境だと思います。

私自身、妻、長男（4歳）、次男（1歳半）に恵まれ、日々感謝の気持ちでいっぱいです。とはいえ、では自分のやりたいことや目標をすべて犠牲にしてもいいか、と聞かれれば正直即答はできません。そもそもそんな自己犠牲を家族が望んでいるとも思えません。

自分自身もやりたいことをしてイキイキすること。それでこそ、家族をきちんと支えるだけの心身が養われるのだと私は思います。

と、文章にしてしまえば簡単なのですが、「本当にやりたいことをやる」とは言っても実際にそう甘いものではないことは私自身重々理解しています。

仕事、家事育児といった責任を全うするだけでも私たちの気力、体力、集中力のほとんどは使い果たされてしまいます。

加えて、子どもを授かる年齢ともなれば、職場でも責任のある業務を任されることが増えてきます。家では言うことを聞かず、癇癪を起こす子どもたち。

こうした厳しい環境の中で、本当にやりたいことを実現させることができるのか。疑問に思われるところでしょう。

しかし、数年前はオムツ替えの手が震えていた私ですら実践できているのですから、あなたにできないはずがありません。

【本書で提唱する自己応援のベクトルイメージ】

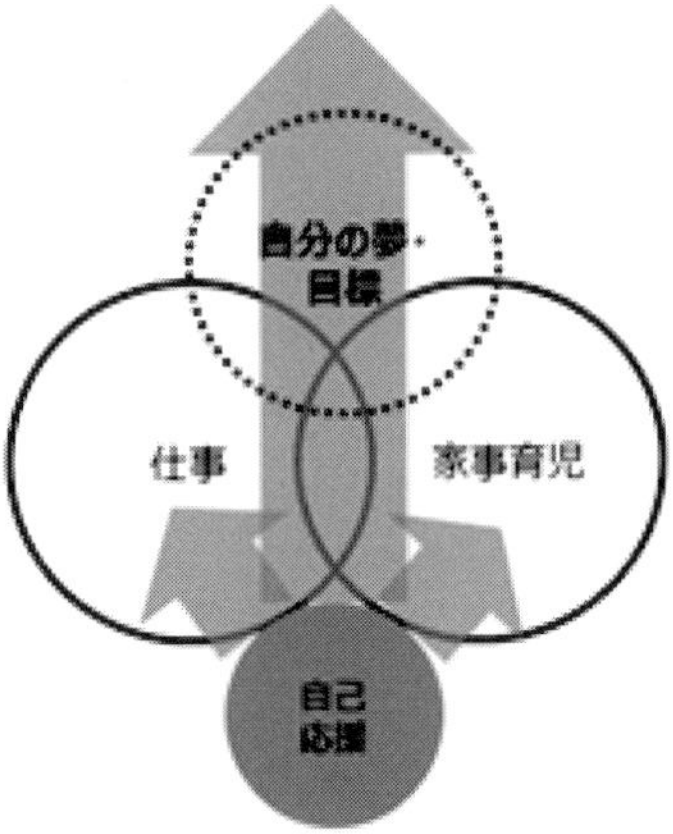

家族や子どもたちとともに自分自身のやりたいことも諦めないためには、ともするといま以上に厳しい現実が待っているかもしれません。しかし、いずれにしても私たちはさまざまな制約の中で生活をしています。

であれば、この際、諦めかけていた夢や目標も取り戻し、その制約の中で叶えてしまいませんか。

これから少しずつそのための方法を考えていきます。

2　もし「いつか」が来ないとしたら

いまやれることは限られている

「この子から手が離れるのはあと何年くらいかな。そのときまでは、本当にやりたいことはお預けだろうな」。

子育て真っ盛りの私たちは、日々やらなければいけないことに追われ、いまやれることはきわめて限られています。

つい、

「これはできなくても仕方がない」

「いつか取り組めるチャンスが来るだろう」

と夢や目標を先延ばしにしてしまいたくなります。

しかし、その「いつか」は本当に訪れるのでしょうか。

確かに、私も「いつか」を信じていました。でも、２０１１年に東日本大震災が発生し、その「いつか」はやってこないかもしれないという事実に気づかされました。不意に訪れたあまりに厳しい現実を私たちは目の当たりにしました。そのとき思ったのです。

「『いつか』が来ないのだとしたら、本当にやっておきたいことは何なのか」と。

「支えを求めている方々を、自分の文章で励ましたい」

「いつ何があってもいいように、息子たちにメッセージを残しておきたい」

「諦めかけていたマラソンや富士山登頂にチャレンジしたい」

こうした願望が次々とくっきりとした輪郭を持って湧き出てきました。

しかし、当時の私は、願望はあるものの次の1歩がなかなか踏み出せない臆病者でした。

当時、「いま、自分に何ができるか」というフレーズが全国至るところでうたわれていました。震災発生から時が経つにつれ、徐々にその声は小さくなっていきましたが、私は世の中の流れに逆らうかのように自問自答することを止めませんでした。

「いま、自分に何ができるか」

「自分が本当にやりたいことは何か」

何度も何度も反芻することで、結果として、新しい行動への1歩が生まれ、心折れそうなときでも、常に行動を止めることなく、続けることができるようになりました。

●ポイント

「もし『いつか』が来ないとしたら、いま何ができるか」と自問自答してみてください。

3　明日が見えない中で実感した本当にやりたかったこと

明日がもし来ないとしたら、絶対後悔する

「毎日毎日、仕事に家事育児にと同じことの繰返し。これじゃ、モチベーションもなかなか上がらないよな」。

よく耳にする話ですし、私自身、そう思うこともあります。確かに毎日毎日刺激的な出来事が起きるわけではないですし、仕事においても家事育児においても、その多くは雑務の積重ねで成り立っています。

明日はきょうの繰返し。そう思ってしまっても致し方ないことかもしれません。でも、立ち止まって少し考えてみてください。

第1章からこんな話をするのは不謹慎かもしれませんが、もし来るはずの明日がやって来ないとした場合、あなたは「人生に悔いなし」と言い切れますか？

「もっと子どもたちと一緒にいればよかった」

「やりたいことに挑戦すればよかった」

「大切な人に想いを伝えておけばよかった」

数年前、私が自分自身に問いかけたとき、胸の内からこのような後悔の声が聞こえてきました。

カメラを持つ手が震える中、必死に写真を撮り続けた。
（2011 年 6 月撮影）

時は２０１１年春。東日本大震災発生直後です。

あのとき私は、きょうのこの当たり前の環境が、決して保証されたものではないことを目の当たりにしました。

その後、日帰りボランティアや被災地訪問などを通じて見聞きしていた時期が、自分にとって転機となりました。

特に衝撃的だったのが、震災発生後３か月目で訪問した宮城県石巻市の惨状です。

住宅が土台を残して見る影もなくなっている一方で、がれきの隙間に挟まっている子ども用のランドセルやぬいぐるみ、絵画用のバケツなどが、そこでの幸せだった家族の生活を物語っていました。

「こうやって何の前触れもなく、当たり前の生活を奪われてしまうこともあるんだ……」。

以後、少しずつではあるものの、後悔のないよう日々を生きていくことを心がけるようになりました。

とりわけ強く感じたことは、「家族の大切さ」と「いつか実現したいと漠然と思っていた夢や目標をこの手に取り戻す」こと。

この初心がいまの私を支えています。そして驚くほどの力を与えてくれています。日々は確かに繰返しのように思えますが、意識次第でたとえ小さくとも1歩ずつ前進することができます。

こうした小さな1歩の積重ねの結果、いつの間にか「いつか」はあなたにとっても漠然としたものではなく、「達成可能なゴール」として現れてくるはずです。

●ポイント―――――――――――――――――

あの震災が発生した当初に抱いた想いを思い出してみてください。

4　やりたかったことをいま取り戻す

子どもの頃の夢

あなたの子どもの頃の夢は何でしたか？　やりたかったことはすべて実現していますか？　私の夢はプロサッカー選手になることでした。中学生までは下手なりにも本気で取り組んでいましたが、高校生になって仮入部の段階でサッカー部をドロップアウトし、夢は叶わぬものとなりました。

その後も、書籍編集者の夢を抱きましたが、これも叶いませんでした。「努力が足りなかった」といえばそれまでですが、いつしか夢や目標に向けて頑張ることを諦めるようになっていました。

学習塾のスーパーバイザー、商業ライター、ライティングコーチと、目の前の仕事に全力で取り組んではきたものの、そこに夢のようなものがあったかといえば自信はありません。そんな私の転機は、前節でも紹介した東日本大震災でした。

メルマガ発行、Facebookページ開設、オリジナルチャリティTシャツ制作、フルマラソン走破、富士山登頂、文章講座開講、そして書籍出版。

この4年間で私は、「3・11を忘れない」というエールを送り続ける活動を通じて、「いつかやりたい」と思っていたことを1つずつ実現させてきました。これらに共通していること。それは、一見華やかそうに見えるものの実は「苦しく」、「辛く」、「面倒」だということです。

やりたいなと思いつつもずっと先延ばしにしてきていないか

時間も根気も必要なため、私はこれまで「いつかやりたいな」と思いつつもこれらをずっと先延ばしにしてきました。「本気でやればできるさ」という言い訳だけ残しつつ逃げていました。

しかし、東日本大震災以降、「このまま現実から目を背けていては何かあったときにきっと後悔する」ということに気づかされました。

確かにいまからプロサッカー選手や宇宙飛行士になれるかと言われても可能性はきわめて低いでしょう。でも、少年サッカーのコーチとして未来のJリーガーを育てることならできるかもしれないですし、宇宙のことをいまより深く学ぶことならいくつからだって取り組めます。

先延ばしにしていることは、実はあなたが本当にやりたいと思っていることです。でも、その実現にはリスクも伴います。辛く苦しい時期もあるでしょうし、努力が報われないこともある。

それでも逃げずに立ち向かうことで間違いなく得られるもの。それは、「後悔することが少なくなる」ということです。

やってみてダメなら諦めもつきますし、そのときにはまた違ったアプローチを思いつくかもしれない。

私自身、いずれの活動においても、挫折や失敗がつきまとってきました。その都度、立ち止まったり、途中で投げ出しそうになったりしました。それでも、「トライしなければ良かった」と思ったことは1度もありません。

本書では、2児の父として、もがき、失敗を重ね続けている私のありのままの経験を、できるだけ詳細にお伝えしていきます。

もし本書を読んで、1歩踏み出そうと思っていただけたとしたら、私はそんなあなたを全力で応援します。

●ポイント－－－－－－－－－－－－－－－－－－－－－－－－－

子どもの頃描いた夢を思い出してみてください。

5　リタイア後じゃなく、いまから歩き出そう

いまからでもやれること

もしもあなたの夢や目標が、多大な時間を要することだったり、お金が必要なことだったりした場合、その1歩がなかなか踏み出せないかもしれません。

例えば、「家族で世界一周旅行がしたい」と思い立ったとしても、正直いまの時点では現実的ではないですよね。何週間も仕事に穴をあけるわけにはいかないでしょうし、家族全員で世界一周となれば貯金の大部分を取り崩さなければならないかもしれません。

「ほら、夢なんて叶わないじゃないか」という声が聞こえてきそうです。でも、少し待ってください。確かに時間もお金もかかる場合、現段階での実現可能性は高くはありません。だからといって、そのタイミングになるまで何もしないというのは早計です。人間いざというときになってからではなかなか1歩が踏み出せないものだからです。

「必要資金を試算して、毎年コツコツ積み立てておこう」

「世界遺産をできるだけたくさん見るための行程を考えよう」

「世界一周の前にまずは日本一周にチャレンジしてみようか」

など、動き出そうと思えばいまからでもやれることはいくらでもあります。

私自身の経験では、書籍刊行がまさに同じような遠い先の目標でした。

「もっと年を重ねて、社会的にも発言力が増してきたらチャレンジしようかな」などと漠然と考えていたものの、日々の行動には全く落とし込んでいませんでした。

その後、東日本大震災が起き、まずは「文章で人に影響を与えたい」という原点に立ち返り、メルマガ発行を始めました。連載を続け、その後、メルマガ3年分を再編集した書籍原稿をまとめ、出版社30社近くに持ち込んだものの、結果はあえなく惨敗。

でも、そのときの失敗の経験を活かし

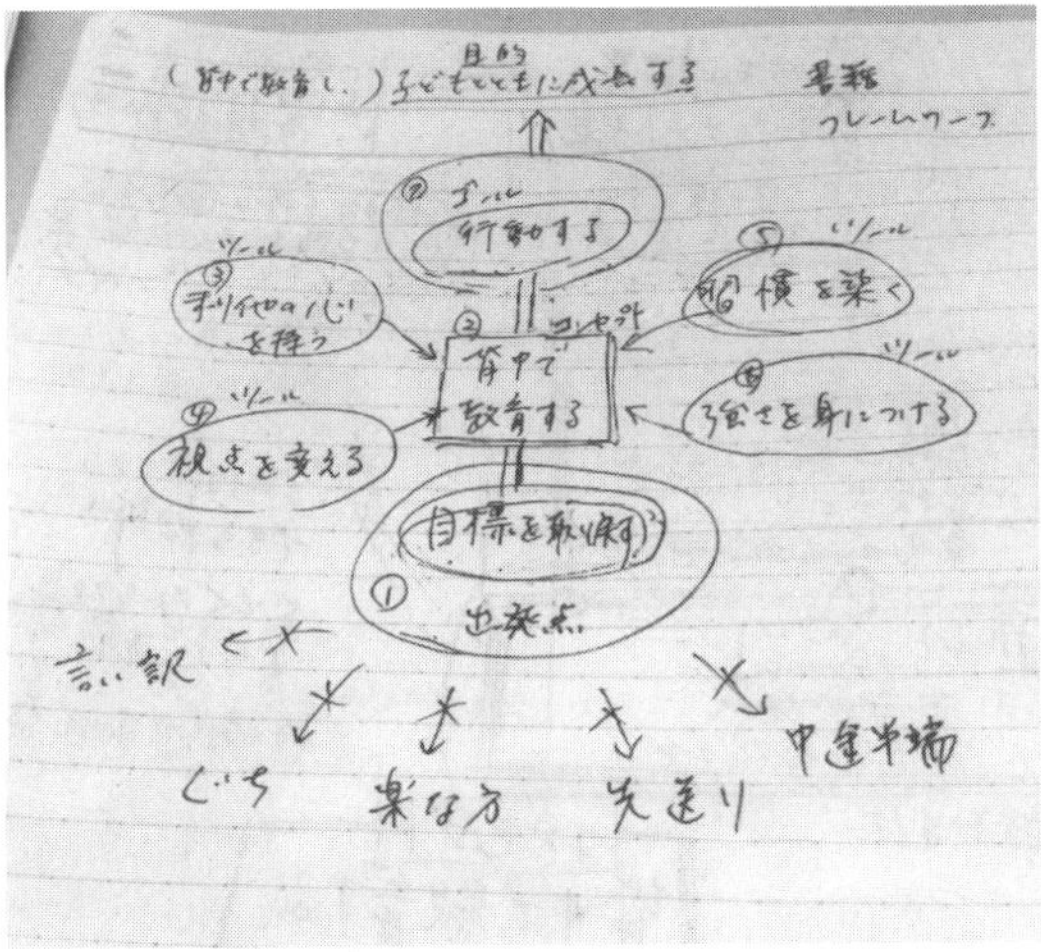

執筆前に練っていたコンセプト図。(2014 年 10 月撮影)

て再度チャレンジしたのが本書です。ちなみにこの原稿は、片道2時間の通勤時間を活かして、スマートフォンで1か月間かけて書き上げました。

目標が大きいのなら、それを実行可能レベルにまで落とし込んで少しずつステップアップすればいい。小さくとも行動を始めることで、次の行動や目標も次第に見えるようになってきます。

さあ、リタイア後と言わず、まずは1歩踏み出してみませんか。

●ポイント――――――――――――――――――

夢や目標に向けて、いますぐできることを挙げてみてください。

6 忙しいいまこそ、自分を変えるチャンス

すべては捉え方次第

仕事に家事育児と、私たち現役子育てパパは休まる暇がありません。しかも、それぞれにおいて完璧な対応が求められ、状況によっては言い訳すら許されない。

もし私が「いや、ちょっと仕事でいろいろあってさ……」と家庭で言おうものなら、育児と仕事で私以上に忙しい妻からの反論は目に見えています。いつになったらこの慌ただ

しい生活から抜け出せるのだろうか。休日は特に、そうぼやきたくもなります。

一方、捉え方次第では、これほどまでに自己変革に適した状況もありません。

状況を変えられないなら、自分が変わろう

数年前のとある金曜日のこと。友人たちとお酒を飲み、深夜に帰宅する私。それでも、翌日は妻と息子が6時過ぎには起きている。なかなか起きられない私。そして10時前に起床。起き抜けに感じる冷たい視線……。

その繰返しに自分自身嫌気がさし、私は自ら習慣を変えることを決意しました。ささやかな楽しみだった晩酌を控え、朝は遅くとも家族の起床時間の1時間後までには起床する。家事育児も自分から率先して取り組む。そして、土日は家族が起きている時間は原則自分のやりたいことは封印する。

私のやり方がベストな方法なのかはわかりません。「極端すぎるんじゃない？」という指摘を受けたこともあります。ただ、状況を変えられないのであれば、自分が変わったほうが早いし、もし自分を変えようとしているのなら、こんなに適した時期はありません。そして後述しますが、自分から変化することで、夢や目標への行動力は確実に高まります。

「昔は本当に朝起きて来なかったし、好きなことばかりやっていたよね」

一見厳しく聞こえる妻のこんな言葉も、いまの自分にとっては褒め言葉のように思えます。

●ポイント

夢や目標のために、何を変えられるか考えてみてください。

7　育児とやりたいことの両立はできる

越えなければいけないハードル

ここまで、諦めかけていた夢や目標を取り戻すことの大切さについて触れてきました。ただ、私たちには越えなければいけないハードルがまだ幾つもあります。日頃の仕事、家事育児の他にも、どうしても断れない付き合い、不意のトラブル、休日出勤……。

「これら降りかかってくるすべてに対応したうえで、それでも目標を実現させることなんて本当にできるの？」という声が聞こえてきそうですが、私の答えは「Ｙｅｓ」です。ただ、そのためには少しだけこれまでの認識を変えていかなければなりません。

例えば、仕事でも家事育児でも同様ですが、もしそれらを「やらざるを得ないこと」と捉えているとしたら、「自ら率先して取り組むこと」へと認識を変える必要があります。

夢や目標へ向けた時間をつくり出すには、タイムマネジメントがきわめて重要になってきます。空いている時間を見つけては、自らタスクを積極的にこなしていく。仕事なら、「この隙間時間に、あの資料を完成させておこう」「午後の会議がなくなったから、なかなか着手できていなかったチェックリストをつくろう」など、家事・育児なら「10分あるから部屋を片づけよう」「この1時間で風呂掃除だ」といった具合です。

いずれにおいても、やらされ感で動いていては、効率は一向に高まりませんし、活きた時間を生み出すこともままなりません。逆に、それぞれを主体的に取り組んでいくことで、思わぬ相乗効果を生み出すことができます。

オムツ替えが大の苦手だった私

長男誕生当時、オムツ替えが大の苦手だった私。「なんとなく臭うかな?」と思っても、妻が気づくまで自分からは動かない、なんてこともありました。

しかし、同時期に仕事で初めてのプロジェクトを任され、とにかく何でも自分でやらなければならない状況になりました。プロジェクトの進行管理をしながら社内調整や必要備品の発注、会場の掃除までとにかく何でもやりました。

いずれやらなければいけないことであれば、自ら動いてしまったほうが意欲も高まりますし、周囲に対しても好印象を与えることができます。何より終わった後の夢や目標への取組みにもプラスのパワーを与えてくれます。

こうした経験から、雑用を繰り返し行うことへの抵抗が薄らいでいきました。いまでは、少しでも気になったら、次男のオムツの中をしきりに覗き込んでいます（笑）。

正のスパイラルをつくり出す

「やるべきか、やり過ごすべきか」と悶々と悩んでいるとき、人間の行動力は驚くほど低下しています。一方で、率先して動いてしまうことで「自分はできる」という自己効力感が生まれ、また次の行動への弾みがつきます。

こうした正のスパイラルをつくり出し、活きた時間を生み出すことで、夢や目標へ確実に近づいていくことができるのです。

これから紹介するメソッドは、やるべきことをやり切ったうえで、自身の夢や目標を現実のものにしていくための方法です。騙されたと思って、本書を読み進めてみてください。

●ポイント

「やらざるを得ないこと」に対する認識を、「自ら率先して取り組むこと」に変換してみてください。

第2章　自分を応援する方法を手に、逆境に立ち向かう

本章では、本書のメインコンセプトでもある「自分を応援する」とは具体的にどのような考え方か、そして逆境に立ち向かううえでいかに重要かについて考えていきます。

1　こんなに頑張っているのに誰も認めてくれない

自身の行動に対する貢献度を高く見積もる男性

「自分は仕事や家事育児を通じてこんなに家族に貢献しているのに、全然認めてもらえていないし、サポートもしてもらっていない……」。

そんな考えをお持ちになったことはありませんか？　実は数年前、私も同じようなことを日々思っていました。

ある調査結果をもとに考えてみましょう。

男性側は、女性側からの評価に比べて、自身の行動に対する貢献度を高く見積もる傾向があるそうです。

例えば、ある男性が洗濯物を干した場合、女性側はそれに対して「10点」という評価をした場合でも、実際に行動した男性側は「50点」と自己評価する。それまで家事育児をほとんどやってこなかった私は、さらに60点、70点と自分自身の評価を吊り上げていましたから、妻との意識のギャップは行動を起こすごとに広がるばかりでした。

自分自身をモチベートし、仕事や家事育児に取り組み始める

そんな私も、何度かの転機を経て、考えを改めるに至りました。

最大の転機は、現在の勤務先に転職する前の有休消化中のことです。１か月間主夫の真似事のようなことをやりました。１日中家事をやり、子どもたちの面倒を見ることの大変さを、身をもって実感しました。

そのときの行動の合計点は、かつての自己評価であれば、１日で１，０００点（！）くらいにはなっていたでしょう。

それは裏を返せば、私の１，０００点にも及ぶ家事育児の積重ねを、毎日毎日私に承認を求めることなく、妻は黙々と行っていたということを意味します。当然のように出てきていた食事や畳まれた洗濯物は、すべて妻の小さな積重ねにより生み出されている、そんな当たり前のことに気づかされました。

「妻も１人で頑張っている。子どもたちも１日10時間にも及ぶ保育園での生活を必死で頑張っている。自分も人から認めてもらおうとするばかりではなく、まずは自分自身で自分を鼓舞して頑張らなくては」

周囲から認めてもらったり、サポートしてもらったりすることばかり期待していた私が、その頃から、自らをモチベートし、仕事や家事育児に取り組めるようになったのです。

2　応援の力とは

応援する対象は何か

ところで、あなたは普段、誰かを応援していますか？

ご自身のお子様、ご家族、地域の少年団、ひいきのプロチーム……。何らかの対象を応援することがあるのではないでしょうか。

私の場合は、東日本大震災以降、東北地方の方々を応援する活動を始めました。

私の定義する「応援」とは、『（競技・試合などで、）声援や拍手を送って選手やチームを励ますこと』であり、実際に『力を貸して助けること』ではありません。

【参照：デジタル大辞泉】

実際私自身、本業を抱えていること、2児の父であることから、そうそう家を空けることはできず、これまでの4年間で東北に足を向けたのは、たった4回ほど。自らの力で復興支援を後押しすることは残念ながらほとんどできていません。

しかし、そんな私でも、被災地の方々にエールを送ることくらいならできるのではないか。

　こうして、首都圏発の独自の復興応援活動がスタートしました。

　自分の活動がどれだけお役に立てているかは正直いまもわかりません。

　でも、逆に、こんな私を応援してくださる方もいて、その方々から私は信じられないほど大きな力をいただいてきました。

星屑で日本列島をかたどったオリジナルチャリティTシャツ。（2014年1月撮影）

　フルマラソン完走、チャリティTシャツ制作、そして本書の出版と、多くの方に応援いただいたことが、心折れそうな私を後押ししてくれました。

　直接力を貸していただいたわけではありません。にもかかわらず、

「応援しています」

「いつも見ています」

「がんばってくださいね」

　そんな声に、諦めそうになる自分がいつも支えられてきました。

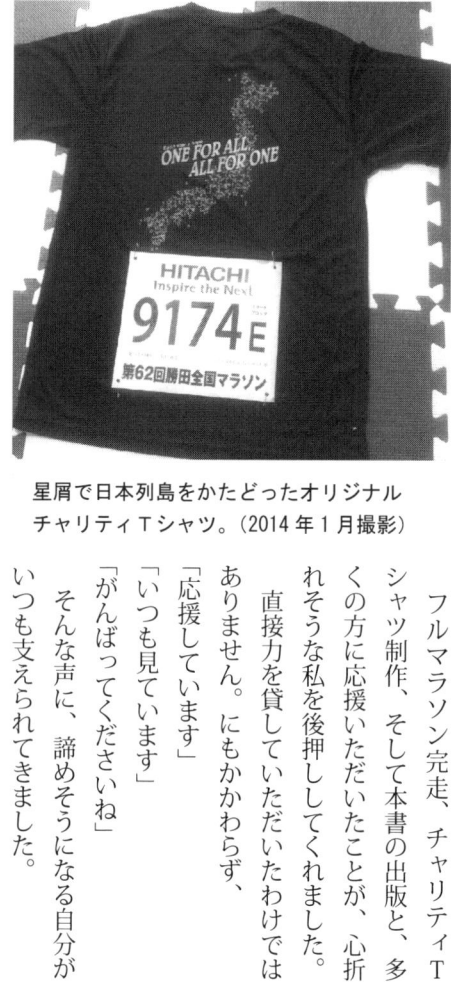

とはいえ、あなたが、いつでも誰かに応援してもらえる環境下にいるとは限りません。私にしても、日々の生活で毎日誰かの応援をいただけるという状況ではありません。むしろ、自分で歯を食いしばるしかない状況のほうがほとんどです。

あなたにもきっと苦しいときや前に1歩進めないときがあるはずです。

本書では、「応援」の持つ力をどうすれば自分1人のときでも発揮できるかと考えた私が、「心折れそうな自分を応援する方法」を、自身の経験をもとにお伝えしていきます。

●ポイント

誰かに応援してもらったときに感じるエネルギーの強さを思い出してみてください。

3　自分自身が1番のサポーター

最後に決めるのは自分自身

新たな行動に踏み出すとき、人は少なからず不安を覚えるものです。

私の場合も例外ではありません。

阪神淡路大震災で1円の寄付すらしなかった自分が、東日本大震災の復興応援などできるのか。かえって被災地の方々に迷惑をかけるのではないか。誰からも賛同を得られないのではないか……。始める前はそんなことばかり考えていました。

マラソンを始めるときも、チャリティTシャツを制作するときも、文章講座を始めるときも、いつも弱気な自分がそっと囁いてきます。

「そんなことやっても誰も応援してくれないんじゃないか」
「結果がでなかったら、時間の無駄じゃないか」
「仕事や家事育児に支障をきたすんじゃないか」

毎回、知人友人にも相談します。そして、多くの方が応援や後押しをしてくれます。でも、最後はやはり自分自身が決めるしかないのです。

徐々にサポーターが頼れる存在に

4年前の私は、私にとってとても頼りないサポーターでした。あれから、1つずつ新しいチャレンジを続けていったり、挫折を乗り越えたりすることで、徐々にこのサポーターが頼れる存在になっていき、いつしか「囁き」が「応援」に変わっていきました。

「たとえ誰も応援してくれないとしても、自分だけは自分を信じよう」

「結果が出なかったとしても、チャレンジすることできっと何か得られるものがある」

「両立は大変かもしれないけど、きっとうまくやる方法があるはずだ」

そんなふうに思えるようになってきました。


あなたにとっても、1番のサポーターはきっとあなた自身です。もし、何かを始めようと思って躊躇しているのだとしたら、まずは、その頼れるサポーターの声に耳を傾けてみてはいかがでしょうか。

●ポイント――――――――――――――――――――――――――――

自分の内側から出てくる「囁き」を「応援」に変えてみてください。

4 逆境を乗り越えた経験にアクセスする

自分を奮い立たせる

自分の夢や目標を取り戻し、1歩を踏み出すことを決めた私たちの前には、恐らくこの先、多くの試練が待ち受けています。

順調にステップアップできればそれに越したことはありませんが、仕事と家事育児をきちんとこなすだけでも大変なわけですから、さらに夢や目標に向けた行動を起こすとなれば、思うようにいかないのは火を見るよりも明らかです。

私の場合も、「仕事も全力でやり、家事育児もできるだけのことはやっている。それだけでもう十分なのではないか。これ以上負荷をかけても、結果は出ないし、辛いだけなのではないか」と何度諦めかけたことでしょう。

そんなとき、自分を奮い立たせるためによく思い出していたのが、「逆境を乗り越えた経験」と、逆に、「逆境を乗り越えられなかった経験」です。

私の場合は、いずれも小学生の頃から続けていたサッカーにまつわる経験です。

前者は、東京都にある「むさしのＦＣ」というクラブチームに所属し、社会人サッカーリーグに参戦していた20代後半のとき。

自分にとってチャレンジングなレベルで1年間のリーグ戦を戦いました。メンバーの中には、Ｊリーグの下部組織に所属していた選手や高校サッカー選手権大会に出場した選手もいました。

一方の私は、高校の部活を仮入部で辞めてしまった程度のレベル。何とか足を引っ張らないようにと不慣れなポジションで体を張りました。肋骨を2回折り、何度か穴をあけながらもレギュラー定着とリーグ優勝を目指しました。

毎週末、自分より若い選手たちに何度も叱咤されながら、歯を食いしばる。当時は、試合の日を迎えるのが苦痛に思えるほど精神的にきつかったのですが、いまはあのときのことが、逆境を支える自分の糧になっています。

「あの状況でも最後までやり切れたんだから、今回もきっとできるはずだ」と。

一方で乗り越えられなかったときのことも、私にとっては原動力です。

私の場合は、前述のとおり、「高校の部活で、仮入部の段階でドロップアウトしてしまった」ことです。

仮入部員が100人を超える中、厳しいふるい落としがあったのは事実ですが、その状況に耐えることができなかったことが、いまでも心に残っています。

「もうあのように中途半端に投げ出すようなことはしたくない」。

私たちを鼓舞してくれるもの

乗り越えた経験は、頑張ってはいるものの結果が伴わず心折れそうなときにアクセスするようにしています。

例えば、この原稿は私にとって2本目の書籍原稿ですが、1本目は、出版社30社への売込みの甲斐なく出版には至りませんでした。

そのとき、「もう当分は、出版なんていう大それたことを目指すのは止めようかな」と弱気になっていました。

そんな私を鼓舞してくれたのが、このリーグ戦で優勝を決めた経験です。

「あのときは肋骨を何度折っても、リハビリをしてピッチに戻っていったじゃないか。今回はダメだったけど、次はもしかしたらうまくいくかもしれない」。

結果はご覧いただいているとおりです。

一方で、乗り越えられなかった経験は、新しい行動を起こすときや何となくヤル気が出ない自分を奮い立たせるときに、思い起こすようにしています。

例えば、現在、隔週土曜日に発行しているメルマガのネタがまったく思い浮かばないままに金曜日の夜を迎えてしまったとき。

「穴をあけずに続けると約束したじゃないか。あのときみたいに途中で放り投げてしまって後悔しないか？」。このように自分を鼓舞しています。

きっとあなたにもそんな経験があるはずです。

「いまのあなたを後押ししてくれる経験は、どのような経験ですか？」

●ポイント

「逆境を乗り越えた経験」と「逆境を乗り越えられなかった経験」を1つずつ挙げてみてください。

5　夢に向かって進むかどうかは、あなた次第

新たな挑戦は簡単なことではない

本書では、夢や目標を諦めずにチャレンジしていくための方法を紹介していきますが、「あえて夢や目標にチャレンジしない人生」も私は決して否定しません。

私自身も数年前までは「いつか叶うといいな」と思うだけの傍観者でしたし、簡単に叶う夢でないのなら、そこに向かって進んでいくことは現役子育てパパにとって茨の道でもあるからです。

私たちには、まず本業があり、さらには家事や育児という全うすべき役割やタスクが山のようにあります。

それに加えて、新たな挑戦を続けることは決して簡単なことではありませんし、挑戦し

なくても幸せな人生を送ることは十分にできると思います。

「じゃあなぜ、花木は続けているんだ？」と言われそうですね。

私は、過去に華やかな実績があるわけでもなければ、学歴優秀でもなく、ごくごく普通のサラリーマンとして生活をしています。

今後、子どもたちに何か財産らしいものを残せるかというと、正直自信はありません。

でも、自分が、何歳になっても全力で夢や目標を追いかけることで、その大切さを伝えることくらいはできるのではないか、と以前から考えていました。

人から何かを言われることを恐れない

行動を起こすきっかけは東日本大震災。そのとき私の中で、「ここで何もしなかったら、私は一生傍観者だ」という思いが湧き上がりました。当時32歳。遅いといえば遅いスタートかもしれません。

「夢とか目標とかいう前に、もっと現実に目を向けたほうがいいよ」

「ビジネスパーソンとして、他にやるべきことがあるのではないか」

「そんなことをやるくらいなら、子どもたちともっと遊んであげれば？」

方々からそのようなフィードバックをもらい、止めてしまおうかと思ったことも何度もあります。

でも、結果はともかく、私はこの活動を始めて良かったと思っています。人から何かを言われることを恐れて夢や目標に向かって1歩を踏み出していなかったら、いつまでも私は傍観者のままだったわけですから。

いま自分が何歳であっても遅すぎるということはありません。「きょうはこれからの人生で最も若い日である」という言葉もあります。

あなたにとって1番のサポーターであるあなた自身がきっと答えを持っています。

●ポイント－－－－－－－－－－－－－－－－－－－－

夢に向かっていくこととあえて踏みとどまること。どちらの選択肢を選ぶべきか考えてみてください。

第3章　応援ツール①：家族を全力で応援する

夢や目標を取り戻し、歩み始めようとしたものの、ことはそう簡単には運ばない……。私たちの行動を阻害する要因は至るところに転がっているからです。

ここからは、心折れそうな自分を応援するうえで強力なサポートをしてくれる具体的な考え方や方法を、「応援ツール」として紹介していきます。

まず第3章では、家族を自分の力で後押し（応援）することで、結果として自分自身を応援することにもつなげていく方法です。

1　どうせ俺のことなんてわかってもらえない

自分の主張も時には必要

子どもが生まれ、徐々に成長していき、気づいたら自分のことはすべて後回しになっていた……。あなたも、そんな感覚を抱いた経験がありませんか？

土日の予定も、食事の内容も、部屋の間取りも、何1つ思いどおりにいかなくなっている。こんなはずじゃなかったのに……。仕方ないと言えば仕方ない。でも、一方でそう割り切れない自分もいる。

「この家を買ったときや最初の子どもが生まれたときに感じた、大黒柱のような気分は何だったんだろう？」そう思いたくもなりますよね。

夢や目標に向けて行動を起こしていくうえでは、自分の主張も時には必要です。

私の場合、

「このフルマラソンにはチャレンジさせてほしい」

「来年のあの試験をどうしても受けたい」

「子どもたちが寝静まった後は、原稿を書く時間に充てたい」など、夢や目標のためのスケジュール確保だけは強く主張をしました。

一方で、それ以外のことはできるだけ手放すようにしました。「俺が、俺が」となりそうな自分の気持ちをグッと抑え、本当にやりたいことを実現させるために、それ以外のことは自ら諦める。

家の中は完全に子どもたちの遊び場と化しており、土日のスケジュールも基本的には子ども最優先。自分の中にあったこだわりは1つひとつ捨てていき、テレビなどの娯楽や趣味だったサッカーもいまはできるだけ封印しています。

何となく続けている趣味や習慣、頑なに守ろうとしている権利などが、現実としてジレンマを生み出す要因になっていることに気がついたのです。

「まずは家族の一員としてやるべきことを最優先する。他のことはすべて手放してしまっても構わない」と1度開き直ってみてはいかがでしょうか。

利他の心

「手放す」と言っても、決してネガティブな意味ではありません。言い換えるならば、自分のことよりも相手のことを先に考えて行動する「利他の心」です。

そして、私の場合、この考え方を身につけて以来、夢や目標に向けた行動も加速しました。自らの手でこれまで持っていたものを手放すことは勇気が伴います。

しかし、自分の大切にしている家族のため、それがひいては自分の夢や目標のため、と思うことで、手放す勇気を生み出すことができるのです。

次節からは具体的にどのように私が「利他の心」を心がけ、行動を促進させていくことができたのかを考えていきます。

2 家族を最優先するという選択肢

仕事と家族のいずれを優先するか

仕事と家族。あなたはいざというとき、どちらを優先しますか？ 家族を優先したいが、家族を養えているのは仕事があるおかげだし、仕事を優先したいが、やりがい持って仕事ができているのは家族のおかげ……。

私の場合、結婚してから3年ほど答えが出ませんでした。でも、2年前の冬に突然体調を崩し、ほぼ丸1日家で寝込んでいるとき、ようやくその答えが出ました。「まず家族を最優先しよう」と。

仕事もやりたいことも、まずは家族や健康があってこそ。ここに自分の原点があるはずだ、という確信を持ちました。

とはいえ、実際には思いどおりにいかないことも多々あります。休日に予定を入れていたのに出勤を命じられることもあれば、残業で家族と夕食を一緒に食べられないこともあるでしょう。

最優先とは、あくまでも「いざ」というときに描く頭の中での優先順位です。家族に何かあったら、たとえ仕事でどのような状況であっても家族を優先しようというキメを持つこと。それによって、自分の中に確固たる軸ができました。

自分の目標と家族の関係においても同様です。最優先すべきは家族。もしものことがあれば、どんなに大切な用事があってもキャンセルして駆けつけるつもりです。

実際、あなたにもこんなことはありませんでしたか？

「仕事に穴をあけることができない状態にもかかわらず、子どもが高熱を出し、会社を休まざるを得ない状況に陥る」

「半年前から楽しみにしていた趣味のイベントと子どもの行事が重なってしまった」

そんなとき、予めの優先順位がないと、「なんで俺ばかりこんな目に……」という被害者意識に陥りかねません。

一方で、予め優先順位が決まっていれば、最優先すべきことを選択できるよう、あらゆる調整をしようというエネルギーが生まれます。

大切なのは、日々自分なりの優先順位を持って判断していくこと

最終的には、家族最優先とは裏腹に、休日出勤せざるを得ないときもあれば、妻のサポートを得て、行きたかった趣味のイベントに参加できることもあるかもしれません。

でも、そういうときがあってもいいと思います。大切なのは、日々自分なりの優先順位を持って判断していくことであり、実現するかどうかはまた別の問題だからです。

「家族を最優先する」という考え方は、あくまでも私の経験則から生まれた考え方です。「こうでなければ夢や目標を達成できない」というものではありません。

とはいえ、何かしらのキメは持っておいたほうがいいと思います。迷いはあなたの行動力を確実に削いでいきますからね。

●ポイント―――――――――――――――――――

あなたにとっての最優先事項は何か、考えてみてください。

3　腹を括る

自分１人でやり切るしかない

「ここは俺の出る幕はないな」。長男が誕生し数か月。待望の子どもに日々悪戦苦闘していた妻に対して、私はほとんど貢献らしい貢献ができていませんでした。

「妻でさえ十分に対応できていないことを、自分にできるはずがない」と思っていましたし、中途半端に手を出すことでかえって妻の足手まといになる可能性もある。

「親2人、子1人」のとき、私はある種の疎外感を感じていました。自分にできることや機会は限られ、かといって見て見ぬ振りをすれば、それは父親業放棄と見なされる。その気持ちが主体的な行動を妨げ、育児から距離を置く言い訳にもなっていました。

状況が一変したのは、前述したとおり、1か月間主夫の真似事をした頃です。「親1人、子1人」。家には自分と息子しかいない。何かあっても妻を勤務先から呼び寄せるわけにはいかない。オムツ替え、着替え、風呂、食事を口に運ぶことなど、失敗を重ねながらもやり抜きました。当時すでに息子は1歳6か月。初めて「父親」になれた気がしました。

もう1つの転機は、次男誕生です。「親2人、子2人」。妻がどちらかの面倒を見ていれば、もう一方の子がノーマークになります。妻が一緒にいたとしても「妻のサポート役」としてではなく、私1人でやり切るしかない状況です。

何より、私が動かなければ、ノーマークになっている子の支度は何も進みません。自分がやるしかない。

でも、こうした覚悟を持ち率先して動くことができれば、間違いなく育児は自己成長につながっていきますし、結果として家族の結束も強まり、ひいては自分の夢や目標にも近づいていきます。

次男誕生直後のメルマガで、そのときの状況をこう書きました。

「これまでは『来日まもない外国人助っ人』のような存在だったが、ようやくチームの一員になれた気がする」。

毎週月曜日の朝、土日の育児で体は悲鳴をあげていますが、精神的には「やり切った」という充実感で満たされるようになりました。もちろん、平日の仕事や夢や目標への行動へも好影響を与えています。

現役子育てパパであるいま、私たちは大きな転機を迎えています。この転機を活かすも活かさないも私たち次第です。

●ポイント

「妻のサポート役」ではなく、「唯一の父親」として育児に取り組んでみてください。

4　家事、育児に対して自ら飛び込む

やらされ感が出てしまう

前節でも述べたとおり、主体的に行動するかどうかで、家事育児に対する充実度は大きく変わってきます。

とはいえ、最初はどうしてもやらされ感が先に出てしまう方が多いのではないでしょうか。

「なぜ俺が……」
「もっと違う形で貢献したい」
「仕事を頑張っていればいいじゃないか」

私自身も数年間、そう思い続けてきました。当時は、いかに家事育児に時間を割かれることなく、自分のやりたいことに時間を使えるかばかり考えていました。

テレビやＤＶＤを観たり、新聞や本を読んだり、サッカーを観たりプレーしたり、温泉に行ったりと、やりたいことをすべてやり切るためには、家事育児に時間を取られている場合じゃない。

とはいっても、当然やりたいことがすべてできるわけもなく、かつ、そんな姿勢では家庭を回していくのに十分な家事育児ができるわけもなく、どっちつかずの中途半端な状態が続きました。

家事育児は成長の場

最近の私は、休日に妻が不在のときなどでも1日程度であれば2人の子どもの面倒を1人で見られるようになりました。

公園に連れて行き、昼ご飯を食べさせる。家に帰って洗濯物を取り込む。風呂を沸かし、一緒に入り、食事の配膳をし（つくってくれるのは妻）、夕ご飯を食べさせ、歯を磨き、一緒に遊び、本を読んであげ、寝かしつける。その間に食器を片づけ、洗濯機を回し洗濯物を干す。これだけでも目の回る忙しさ。自分の時間などもっての他です。

実際やってみると、家事育児に終わりはなく、やろうと思えばいくらでもやるべきことが出てくることがわかってきました。それに引き換え、「このタスクが終わったら、俺のきょうの家事は終わりね」と線を引いていた過去の自分。妻の、ぐっと言葉を飲み込んでいた様子が目に浮かんできます。

際限なく、家事育児に追われる必要はありません。ただし、こうした状況を理解し、実行してみることで自分にはまだまだ貢献できることがあるんだ、ということに気づかされます。「取り戻した夢や目標を実現させるための主体的な取組み」。そう捉え直すことで、家事育児もいまの自分にとって欠かすことのできない成長の場となるはずです。

●ポイント
きょう1日、家事育児に全力で取り組んでみてください。

5　自分のことは後回し

まずやることをやり切る

「家族最優先はわかった。でも、それじゃ、いつまで経っても自分の夢や目標には辿り着けないじゃないか」。そんな疑問をお持ちの方もいらっしゃるかもしれません。

確かに理屈のうえでは、際限なく続く家事育児を最優先し、さらには仕事をフルタイムでこなしていれば、それだけで自由な時間は消えてしまうかのように思えます。

しかし、ちょっと待ってください。もしあなたが主体的に家事育児に取り組んだとしたら、きっとこれまでの数倍効率的かつ短時間でこなすことができるようになります。それによって夢や目標に向けた行動を起こす時間も精神的な余裕も確保できるようになるはずです。

具体的には、「やることをやり切った」ことから迷いや後ろめたさがなくなり、自分の夢や目標に向けた行動に対する初速が加速します。また、主体的に動くことで、創意工夫への意欲も生まれてきます。

家事育児のチェックリスト

例えば私の場合、金曜日のうちに、土日に行う家事育児のチェックリストをつくります。ルーティンである「部屋掃除」「風呂掃除」「トイレ掃除」「アイロン」「洗濯」などに加え、「扇風機のしまいこみ」「妻の外出に伴う留守番」「買い物」などがイレギュラーで入ってきます。

これらを事前に妻に共有しておき、認識を合わせておく。

やることが決まれば、あとは時間とタイミングを見つけてはやれることを早めにこなしていくだけです。

「この20分があればトイレ掃除ができるな」
「息子たちが昼寝しているうちにアイロンがけを終わらせておこう」
「少し早く起きたから、明日予定していた風呂掃除をやってしまおう」

そんなことを考えながら、タスクをこなしていきます。

もちろん、それ以外の時間は、家族との大切な時間（息子のオムツ替えやトラブル対応なども含む）です。

21時が回り、息子たちが寝静まった後、寝るまでの1～2時間が自分の時間となります。

平日は、保育園に息子たちを送った後の通勤時間が主に自分の時間です。

短いように思われますが、完全燃焼した後、頭を切り替えることで、驚くほどの集中力が湧いてきます（どうしても目を開けていられないときもありますが……）。

少なくとも、休日の日中に「やりたいことができない」といったフラストレーションを抱える回数が減ることは間違いありません。

妻からの思いがけないプレゼント

こうした姿勢に、妻から思いがけない休暇のプレゼントをもらったこともあります。

私が「いつか登りたい」と数年前から願っていた富士山。ただし、登るには最低２日間

念願だった富士山の中腹にて。（2014年8月撮影）

は家を空けなければなりません。その頃はちょうど仕事でも出張が続いており、さらに2日も家を空ける相談ができる状況ではありませんでした。

そんな私に妻から、「夏季休暇のうち前半2日間なら行ってきても大丈夫だよ」という申し出がありました。

私が日々自分本位に生活していたら、多分こうしたサプライズは生まれなかったでしょう。

仮に、夢や目標に向けた行動ができなかったとしても、家事育児に率先して取り組む姿勢は必ずや子どもたちにも好影響を及ぼすはずです。

まさに「自分の行動を通じて教育する」です。

自分のことは後回し。でもそれは意外と近道だと私は経験上学びました。

●ポイント――――――――――――――――

夢や目標に向けた行動ができないときも、焦らず目の前のことに取り組んでください。

6　家族サービスとは絶対に言わない

すべては家族がいたからこそ生まれた活動

「結婚は35歳くらいになってから考えればいいや」。私の20代の頃の口癖でした。実際には29歳で結婚し、31歳で長男が、34歳のときに次男が生まれました。

いま、その35歳に実際になってみて驚くのが、結婚してからの６年間で、いかに多くのことにチャレンジできたか、ということです。

もし、いま、私が独身だったとしたら、間違いなく本書は世に出ていなかったでしょう（パパ向けの本なので当たり前ですが）。

本書で紹介しているさまざまな活動も実現していなかったと思いますし、ましてや阪神淡路大震災のときに1円たりとも寄付をしなかった人間が、東日本大震災の復興応援活動なんて、想像すらしなかったと思います。

すべては家族がいたからこそ生まれた活動であると断言できます。

自分の想いを伝え、残すべき相手がいるからこそ、自分なりにベストを尽くすことができています。原動力にすることができています。

少なくとも私の場合はそうです。

家族からエネルギーやモチベーションをもらっている

よく「家族サービス」という言葉を耳にします。家族に対して、自分の時間を提供することを指している言葉だと思いますが、私はこの言葉を極力使わないようにしています。私には、「家族にサービスを提供している」という意識はなく、むしろ「家族からエネルギーやモチベーションをもらっている」からです。

もちろん、平日、仕事でクタクタになって帰ってきても、週末は週末で心身ともに完全燃焼となれば、息つく暇もありません。

それらを義務と思ってしまったことから、出口のないスパイラルへと吸い込まれそうになったこともあります。

だからこそ、どんなに辛くとも、家族からモチベーションをもらうために率先して家事育児に取り組むのです。そしてわずかでも生まれた自分の時間を活きた時間とするのです。

●ポイント――――――――――――――――――――――――

家族からどのようなエネルギーをもらっているか振り返ってみてください。

7　「親が夢に向かって努力する」という教育

夢や目標に向けて努力し続ける姿を実際に見せる

「いつかウルトラマンかサッカー選手になりたい」。

２０１４年７月、４歳になったばかりの長男の短冊にはそう書かれていました。ちょうどテレビで盛り上がっていたサッカーW杯に影響されただけだったのかもしれませんが、それでも元草サッカー選手である私は、嬉しい気持ちになりました。でも、ウルトラマンと同列ということは、現実感はきわめて乏しいですけどね（苦笑）。

恐らくあと5年もすると、夢や目標が現実味を帯び、長男にとって本当の意味での挑戦が始まるのでしょう。そしてそのとき初めて、「夢や目標を実現させたいならもっと努力しなければ……」などと私が口を出す機会があるのかもしれません。

でも、私は息子たちに対して、そういう言葉をできるだけ口にしないつもりです。自分自身が夢や目標に向けて努力し続ける。その姿を実際に見せたほうが、努力とは何なのか、目標を持つことがなぜ大切なのか、をより具体的に伝えられるように思うからです。

自らの行動で、子どもたちの夢や目標を後押しする

数年前の冬。人生で初めて参加費を払ってマラソン大会（10㎞の部）に出場しました。このときはまだ10㎞走るのが精一杯でした。それでも、いつかフルマラソンを走るという目標があり、そのための第1歩と考えていました。

家族にも見に来てもらい、全力で走りました。ゴール直後には苦しさのあまり倒れこんでしまいました。スタンドや沿道で観戦していた長男は、千人規模の参加者から私を見つけてくれていたようで、ゴール後、「パパ、倒れてたね」と声をかけてくれました。

その後、ハーフマラソン、フルマラソンと距離を伸ばしていくにつれ、待ち時間の長さから家族の応援は減っていったものの、数年前の10㎞マラソンのことはよく思い出してくれます。

「あのとき出店で食べた鯛焼き、おいしかったね」……。第一声が食べ物であることは残念ではありますが、私は自ら夢や目標を追い続け、それを子どもたちに見せ続けることを止めるつもりはありません。

「自らの行動を通じて教育する」ことで、子どもたちの夢や目標の後押しをする。それは子どもたちの成長、ひいては自分自身の成長にもつながっていくはずだからです。

●ポイント

自分がどのような行動を通じて子どもたちを教育していくか、考えてみてください。

第4章　応援ツール②：もう1つの視点を身につける

本章では、多忙な現役子育てパパとしてなかなか思うように動けない環境を、いかにポジティブに変換するかについて考えていきます。

「もう1つの視点を身につける」ことで新たな行動へのエネルギーを生み出すことが可能です。

1　家事と育児の両立の大変さもわかってほしい

仕事の責任が増し、家事と育児の負担が徐々に高まっていく子育て世代

「家では仕事の大変さを口にできる雰囲気ではなく、職場でも家事と育児の大変さはなかなか理解されない……。誰かこんな自分の状況をわかってほしい」。

仕事の責任が増し、家事と育児の負担が徐々に高まっていた頃の、私の偽らざる気持ちです。あなたもそんな想いを抱いたことはないでしょうか。

こうした気持ちに押しつぶされそうになると、いつしか逃げ道や言い訳を用意したくなってきます。

「こんなに頑張っているんだから、ちょっとくらいミスしても仕方がないじゃないか」

「周囲のサポートがないのが悪いんだ」

「なんで俺ばっかり……」

しかし、私の経験上、逃げ道や言い訳は、夢や目標に向けて行動するうえでの障害にしかなり得ません。時に堪え難いほど厳しい状況や逃げたくなる日もあるかもしれません。

それでも、できるだけ早く突破口を見つけ、迷いなく行動するため、私がおすすめするのは「もう1つの視点を身につける」こと。そして、その方法の1つがセルフトークです。

私は以前、コーチングの事業会社に4年ほど所属し、ライティングコーチとしての活動と並行してセルフトークの手法を身につけました。

まず、頭の中でもう1人の自分をつくり出します。そして、もう1人の自分が以下のような質問をひたすら繰り返し、ネガティブなスパイラルに陥りがちな思考を、ポジティブなスパイラルへと転換していきます。

「この厳しい両立の環境から学べることは何だろうか」

「家族と一緒にいるからこそできることは何だろうか」

「『当たり前』に思っているが、実はかけがえのないものって何だろうか」

苦しいときにその苦しさに向き合うことは、正直辛いものです。

できればパーッと気晴らしでもして忘れてしまいたい。

でも、根本的な問題は、自分で解を見つけないことには、いつまで経っても私たちにつきまとってきます。

であれば、1度その問題に真正面から向き合い、捉え方まで変えてしまったほうが、その後の行動は間違いなく加速します。

「仕事」と「家事と育児」のマネジメント

私もかつて「仕事」と「家事と育児」、さらには「夢や目標の実現」という3つの両立がうまくいかずに悩んでいました。

「もっと○○だったら……」と何度ないものねだりをしたことでしょう。いまもこの3つのいずれかのバランスを失えば、即弱気の虫が頭をもたげてきます。

しかし、そんなときはこんなセルフトークをひたすら重ねます。

『仕事』と『家事と育児』をそれぞれどのようにマネジメントすれば、夢や目標の実現に1歩でも近づけるだろうか」。

セルフトークを反復することによる最も大きな効果は、それまで受け身だった視点が、徐々に自分主体になっていくことです。

「この環境ではどうしようもない」という思考から、「この人生は私の行動次第でいかようにもできる」という思考へのマインドシフト。

さらには、「人にわかってもらいたい」という発想そのものも薄らいでいきます。環境が変わらないのなら、自分が変わるしかないからです。

この章では、もう1つの視点を身につけ、同じ状況でもポジティブに捉え直す方法について、具体例を交えながら考えていきます。

2　もう1人のポジティブな自分をつくり出す

プロサッカーの本田圭佑選手

以前、プロサッカーの本田圭佑選手が、「自分の中の『リトル本田』と対話し、イタリアへの移籍を決めた」といった趣旨のことをテレビのインタビューで言っていました。

自分の中のもう1人の自分。本田選手ほどの強さは当然持ち合わせていませんが、私ももう1人の自分をつくり出す努力は常にしています。

前節で紹介したようなセルフトークにおける質問を、もう1人の自分が自分の頭の中で投げかけてくるよう、繰り返しトレーニングをしているのです。

もともとこのようなセルフトークは意識していましたが、特に、東日本大震災発生以降は、当時全国的に湧き上がった「いま、自分に何ができるか」という問いかけを約4年間、1日も欠かすことなく続けています。

私たちには、仕事に忙殺され全く余裕のない日もあれば、嫌なことがあり感情に自分を支配されてしまう日もあります。

でも、そんなときこそ、1分でもいいから、もう1人の自分からポジティブな問いかけや後押しをもらうようにするのです。

「きょうは1日があっという間に終わってしまった。でも、あと1歩。寝る前にたとえわずかでも夢に向かってできることはないか」

「なぜ自分はこのような感情を抱いているのだろうか」

「次にもっと冷静に対処するにはどうしたらいいだろうか」

「きょうの自分は、昨日と同じ状況下でも、心折れずに対処することができたじゃないか！」

このように自分自身に話しかけるようにしてみてください。徐々にですが、1日の締めくくりを違った視点で捉えられるようになってきます。

一方、次のようなネガティブな対話は控えるようにしましょう。

「いつも時間に追われてやりたいことができない。ずっとこのままなんじゃないか……」

「あの人にはいつも振り回されている。もう限界なんじゃないか……」

「明日もきっときょうの繰返しだ……」

確かに心折れそうなときは、こうした心の声が聞こえてきます。でも、ネガティブな自分との対話は、できるだけ早く切り上げるようにしましょう。そして、こんな起死回生の質問をするのです。

「いま、自分は精神的にも肉体的にも限界かもしれない。でも、そんな状況でも力を振り絞るとしたら何ができるだろう？」

寝る前に本を読むことでも、筋トレをすることでも、何でもいいのです。とにかく自ら夢や目標に向けた行動を起こして1日を締めくくる。

少し時間はかかるかもしれませんが、ぜひチャレンジしてみてください。

●ポイント――――――――――――――――――――

もう１人の自分をつくり出し、自分にポジティブな質問を投げかけてみてください。

――――――――――――――――――――――――

3　夢があれば、どんな辛いことでも変換可能

自分の殻に閉じこもって生きることなど困難

「あ〜、きょうは全くついていない1日だったな。あんなに頑張っているのに、周囲は全然認めてくれない。モチベーションも下がっちゃうよ」。

このように、他者とのコミュニケーションや日頃の生活において、うまくいかないことはありませんか？

せっかくのかけがえのないはずの1日が、台なしに思えてしまう。

特に、自分なりに精一杯やっているのにそれでもうまくいかないときは、頑張ることが馬鹿馬鹿しくさえなってきますよね。

私もそんな1人でした。

でも、夢や目標を抱き始めてからというもの、少しずつですが、その心境が変化してきました。

以前は、その日その日が楽しく充実していることが私にとって最も重要でした。その楽しさを阻害してくるものはできるだけ排除し、自分の殻を決して割られないように生きてきました。

でも、現役子育てパパの私たちにとって、その殻に閉じこもって生活していくことなどなかなかできるものではありません。

「やりたい仕事以外はやらない」

「面倒な家事は後回し」

「子どもたちとの時間よりも、自分自身の時間のほうが大切」

これらがたとえ実現できたとしても、それは誰かの犠牲のうえに成り立っているものです。

私はかつて、週末の家族との時間を顧みず、地元チームの応援をすべく、Ｊリーグ観戦ばかりしていたことがありました。

長男がまだ1歳前後にもかかわらず、「きょうの試合は天王山。絶対に見逃せない」と一人意気揚々と応援に出かけていました。

結果として、楽しい思いとは裏腹に、家族に対して後ろめたさも感じていました。

逆境や試練が次々とやってくる

いまも、日々を充実させたい気持ちは変わりません。一方、思うようにいかないことや我慢することも決して苦ではなくなりました。

それはひとえに、目指すべき夢や目標を取り戻したからです。これらを実現させるためには、楽しいことばかりやっているわけにはいきません。また、実現可能性が低ければ低いほど、逆境や試練が次々とやってきます。

でも、そんな逆境や試練を、「夢への糧」「成長へのプロセス」などと変換できるようになりました。

以前は苦手だった、他者からの厳しいフィードバックも、いまは「フィードバックをいただくのは行動を起こしている証拠」と前向きに捉えることができるようになりました。

夢や目標は、たとえ辛い出来事が起こったとしても、それらをプラスに変換してくれるのです。

●ポイント

その辛い出来事をどのようにプラスに変換できるか、考えてみてください。

4　家族がいなかったらではなく、家族がいるからこそできること

ある女子大生のコメント

あなたは、「２０１１年3月11日」を覚えていますか。

そう、忘れもしないあの東日本大震災が発生した日です。

旅先のテレビから流れてきた津波の映像を観て、私はこの災害が日本で起きているということを信じたくない気持ちでいっぱいでした。

そして帰国後、細々と復興応援活動を始め、今日に至っています。

２０１１年は長男が1歳になった年です。まだまだ手のかかる時期にもかかわらず、妻の協力も得ながら、日帰りのボランティアやメルマガ執筆・発行、チャリティTシャツの作成などを行っていました。

しかし、震災を風化させないために始めた取組みとはいえ、日が経つにつれ、抗えない世の流れに無力感を感じたこともありました。家を空けたり、家事をおろそかにしたりしていたので、家族にも迷惑をかけている。もう潮時か。何度そう考えたでしょうか。

そんなときよく思い出していたのが、『『記憶 忘れてはいけないこと２』東日本大震災報道写真ギャラリー（日本経済新聞社主催）」に掲載されていた、とある女子大生の次のようなコメントです。

「私が母親になって、子供が大きくなったときに『お母さんはあのとき何をしていたの？』って聞かれ、何も答えられないのはイヤだった」

このコメントを最初に読んだとき、１歳の息子が20年後、私に向かって同じことを言うシーンが脳裏をよぎりました。

「いや、何かやろうと思ったんだけど、お前も小さかったし、できることも限られていたしさ……」。

そんな言葉は口にしたくない。これが当時の私の原動力でした。自分の弱さを息子のせいにはしたくなかった。そこで私は、「家族がいなければできたこと」を選択肢から外し、「家族がいるからこそできること」、「家族がいても続けられること」に絞って活動を続けていくことにしました。

家族のありがたみを忘れない

メルマガや Facebook ページの執筆なら、家にいながら隙間時間を使ってでもできます。子どもたちや家族との時間で気づいたことなどを記事のネタにしました。

チャリティTシャツを一時に300枚近く受注作成したときには、届いた大量のTシャツを家族総出で袋詰め作業をし、ラベルを貼り、支援者の方に送らせていただきました。

家族総出による袋詰め作業。(2013 年 12 月撮影)

本書のテーマも、家族と一緒にやってきた経験がすべてといっていい内容です。

先の大震災が辛く悲しい出来事であったことは紛れもない事実ですし、被害に遭われた方々やいまもなお避難生活が続いている方々のことを思うと胸が痛みます。

しかし、そこから私たちが今後行動をするうえで学ばせていただくことが多々あるのも事実です。特に私は、日々当たり前のように一緒に過ごすことができている家族のありがたみを忘れずに生活することを心がけています。そして、「家族がいるからこそできることを、自分なりに精一杯取り組む」。私自身、あの震災からそのようなことを教えられました。

●ポイント――――――――――――――――――――
家族がいるからこそできることは何か、考えてみてください。

5　できない理由ではなく、いますぐできることを探す

できない理由は星の数ほど存在する

「自分にはちょっとまだ早いかな」

「もう少し子どもが大きくなったら考えよう」

夢や目標に向かって走り出そうとするとき、ついこんなことを思い浮かべたりしていませんか。私たちは、とかくできない理由を探してしまいがちです。

そして、できない理由は挙げ始めたらそれこそ星の数ほど存在します。「理由が存在する」というよりも、やらないために「理由をつくり出す」という表現のほうが正しいかもしれません。

しかし、本書の目的は、あなたが小さくともまず行動を始めることにあります。行動を

起こすためには、できない理由を探すのではなく、始めるための小さな1歩を設定することが何より大切です。

これまでの人生を振り返ってみよう

勉強でもスポーツでも仕事でも、私たちは1歩1歩地道に取り組むことで今日まで成長を重ねてきました。勉強であれば、ひらがな、カタカナ、足し算引き算、掛け算割り算など、1つひとつ問題を解きながら難解な学習へと着実に歩みを進めてきました。

最近、長男（4歳）がひらがなの読みをほぼマスターし、書き取りを始めました。まずは点線に沿ってそれぞれの文字をなぞっていく練習です。「ああ、自分もこうやって1歩ずつ積み重ねてきたんだな」と幼少の頃の自分を長男の後ろ姿に重ねています。

いまこそ、私たちは幼少の頃の経験を活かすときです。

私のこれまでの経験からご紹介できる事例は、次のとおりです。

「フルマラソンにいつかチャレンジしたいが、いまはまだ自信がない。でも、まずは10㎞マラソンからならできるかもしれない」

「いつか出版の夢を果たしたいが、いまはまだネタになる素材がないし、そもそも方法がわからない。でも、メルマガを発行して届けることならたとえ読者が少なくてもすぐにできるんじゃないか」

「妻にいつか1泊2日の旅行をプレゼントしたいが、1人で子ども2人を2日間面倒見る自信がない。それならまずは1日だけでも頑張ってみよう」

初めの１歩は必ず次の１歩につながる

もし実現可能な大きさにまでステップを刻んだら、後は1歩を踏み出すだけです。小さな1歩ならリスクも決して大きくはありませんし、やり直すことだってできます。そして、初めの1歩は必ず次の1歩につながります。

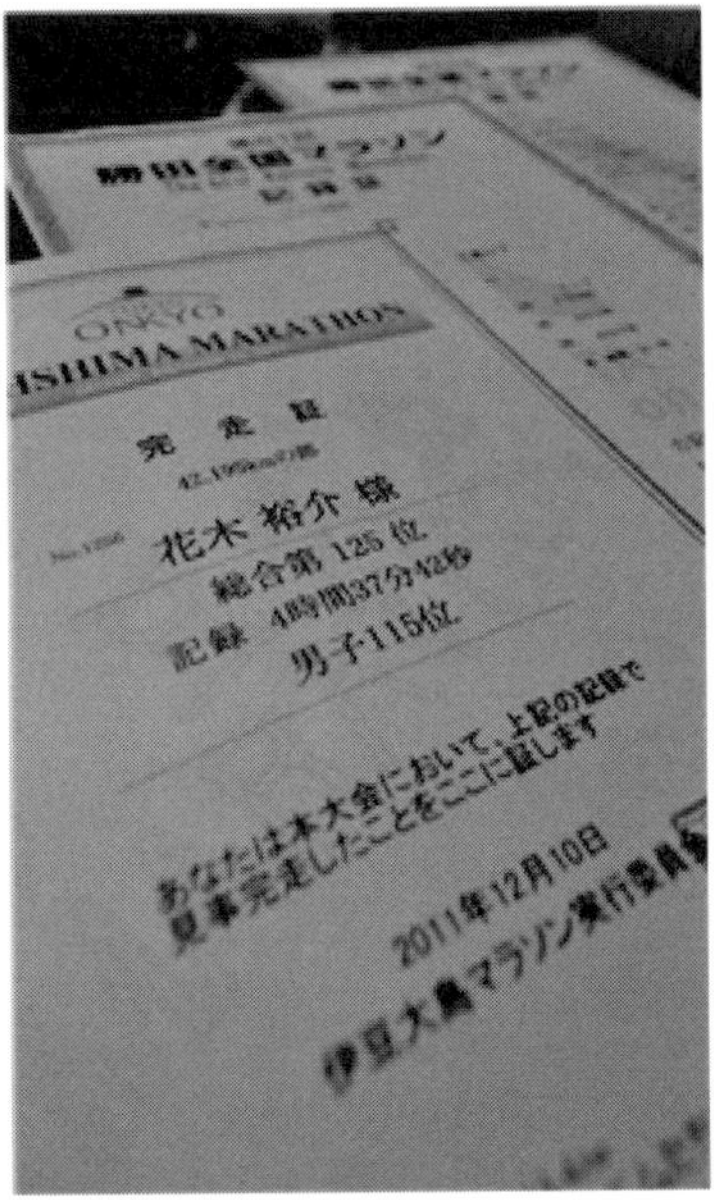

完走証は、心折れそうなときの励みに。
（2014 年 12 月撮影）

私がフルマラソンに向けて10㎞マラソンにチャレンジしたのは2011年1月のこと。その年の10月にハーフマラソンに初出場し、余勢を駆って同年12月にはフルマラソン初完走を果たしました。1度行動のスイッチが入ったことで、次のステップはむしろ向こうからやってきたような感覚さえありました。

●ポイント

できない理由を探すのではなく、いますぐできることを挙げてみてください。

6　いまある当たり前を書き出し、感謝の気持ちを持つ

異なるのは私たちの捉え方だけ

コップに水が半分入っています。その水は「半分しかない」のか、「半分もある」のか。あなたならどちらの捉え方をしますか？

この問いは、個々人のものの捉え方を探るのによく使われる質問で、聞いたことがある方も多いのではないでしょうか。

この質問を、私たちの生活に置き換えると次のようになります。

「小遣いや貯金が『これだけしかない』なのか、それとも『まだこんなにある』なのか」

「自分の強みや長所が『1つしかない』なのか、それとも『1つもある』なのか」

「いまの仕事に就けていることや家族が揃っていることが『当たり前』なのか、それとも『ありがたいこと』なのか」

いずれも存在する主体そのものに変わりはありません。異なるのは私たちの捉え方だけです。

もちろん、私自身、自分にないものを欲したり、他人に嫉妬したりすることもあります。隣の家はいつも綺麗だけど、それに引き換えウチの家は……。あの同僚はなんであんなに仕事ができるんだろう……。そんなことを考える日もあります。

しかし、こうした思考は、行動を起こすうえでは何１つプラスにはなり得ません。むしろ、自己効力感がみるみる低下していくマイナス的な思考です。

「わかってはいるが、これまでの思考の癖がなかなか抜けなくて……」。そんな方には、いま持っているものやこれまで達成したことを紙やパソコンに書き出してみることをおすすめします。そして客観的にその内容を眺めてみてください。

夢や目標に向けたチャレンジも基盤があってこそ

たとえば、私の場合はこんな具合です。

・身長：１７９㎝、体重：67㎏

・健康状態：良好
・住居：千葉県の郊外に戸建て
・家族構成：妻、長男（4歳）、次男（1歳半）
・仕事：社会人教育関係。フルタイム勤務
・強み：ライティング、編集
・休日：土日、祝日

どこにでもいそうな普通の現役子育てパパです。

でも、他者との比較ではなく、自分の価値観で測ってみることで、これまで当たり前に思っていたことでも、その環境を維持できていることに心からありがたみを感じられるようになります。

他者との比較ではなく、あくまでも自分自身の現状を知ることで、感謝の気持ちも芽生えてきます。

夢や目標に向けたチャレンジも、こうした基盤があってこそです。当たり前は決して当たり前ではありません。

そのことを念頭に置くことで、たとえ望む結果が出ていなくとも、「日々全力でチャレンジできている」という事実そのものに感謝の念が湧いてきます。

●ポイント――――――――――――――――――――
あなたの現状を書き出し、客観的にその内容を眺めてみてください。

7　新しいことに挑戦し続ける子どもたちから学ぶ

私たちを邪魔する世間体やプライド

「本当にやりたいことにチャレンジしたいが、いまのままでは成功確率が低い気がする。できればもう少し準備期間が欲しい」。

新しいことを始めるには、少なからず変化を起こさなければいけませんが、現役子育てパパである私たちがさらに変化を生み出すのは、口で言うほど簡単ではありませんよね。でももし、「失敗してもいいからダメもとでやってみて」と言われれば、少しは動きやすくなるのではないでしょうか。

私たちは大人になり、成長を重ねる一方で、ミスすること、失敗することにいつしか必要以上に恐怖心を抱くようになっているものです。仕事はもちろん、家事育児や自分の夢や目標に対しても同様です。世間体やプライドが、否応なく私たちを邪魔してきます。

私も30歳過ぎまでそんな臆病な人間でした。

失敗したくない。正確には「あいつ、失敗したな」と人から見られたくない。そんな自意識の過剰な人間でした。失敗するくらいならむしろ「現状維持」のほうがマシ。そう思っていました。少しずつ行動できるようになったいまでも、できればすべて成功させたい。でもいま、1歳6か月になる次男を見ていると、そんな保守的な自分が恥ずかしくなることがあります。

「靴を履いて外を走り回っては、転んで地面に頭をぶつけてしまう」

「スプーンを持ってご飯を食べようとしては、口に運ぶ前に床にこぼしてしまう」

「長男の真似をしておもちゃを掴んでは、使い方がわからずイライラして放り投げてしまう」

無我夢中でチャレンジを続ける息子の存在

日々、新しいことに挑戦しては失敗を繰り返し、その都度号泣しているわが息子。それでも1週間見ないうちにいつの間にかできなかったことができるようになり、次のステージに進んでいる。これほどチャレンジングな存在が他にいるでしょうか。

私たちはとかく、子どもたちを教育することにばかり目が行きがちです。でも、発想を変えれば、目標に向けて無我夢中でチャレンジを続ける、こんなにも頼もしい存在が身近にいます。

「子どもたちから何を学べるか」。そんな視点を持つことも、時に行動を加速させるヒントになるかもしれません。

私たちにも子どもたち同様、失敗を恐れずチャレンジし続けた日々が間違いなくありました。そして、そのチャレンジの蓄積がいまの私たちを形づくっているのです。

●ポイント――――――――――――――――――――

子どもたちから何が学べるか、考えてみてください。

8　子どもに託した名前の意味を考える

親たちのさまざまな期待が込められている子どもの名前

私たちは、子どもが生まれたとき、その子たちに「名前をつける」という行為をしていますよね。あなたはそのとき、どのようなことを考えていましたか？

「この子に幸せになってほしい」

「社会の役に立ってほしい」

「思いやりのある優しい子になってほしい」

親たちのさまざまな期待が、子どもたちの名前には込められています。しかし、日々の仕事や家事育児に追われ、いつしか当時抱いた期待もどこかに追いやられてしまった、なんてことはないでしょうか。

もう1度思い出してみてください。彼らにどのような想いを託していたのかを。

たとえば、私は次男の名前に「泰」という字を入れました。「天下『泰』平」の熟語にも入っているように、「ゆったり」「おおらかな」心を持った大人に成長してほしい、という想いを込めました。まだ1歳半ですから、この子がその期待に応えてくれるかどうかは全くもって見当がつきません。

でも、子どもたちが期待に応えてくれるかどうかということ以上に、まず自分がそのような生き方をして手本を見せているかが私には重要なことに思えます。

名づけの親である私がもし、日々小さなことにイライラして、家族の雰囲気を悪くしてしまっているとしたら、子どもたちに示しがつきません。

自分は日々、子どもたちに期待するような生き方を実践できているか、時に立ち止まって考えてみてはいかがでしょうか。

●ポイント－－－－－－－－－－－－－－－－－－－－－－－－－－－－

名前をつけるとき、子どもたちにどのような願いを託したか思い出してみてください。

第5章　応援ツール③：習慣を味方にする

本章では、いまの多忙な生活を最大限活かしたうえで、夢や目標に向けた基礎力を高めるための方法を紹介します。

1　急な発熱にわがまま。思いどおりにならないことが多すぎる

自分自身をコントロールする

金曜日の飲み会で疲れ果て、土曜日はいつもより少しだけ遅く起きようと思っていた私の体に、息子が思いっきりダイブしてくる。「もう少し寝かせてよ」。そんな声もお構いなし。渋々起き出し、テレビでも観ようとスイッチをつけるや否や、息子が隣に来て「仮面ライダーが観たい」。チャンネル権を奪われ、ぼーっとしている私に妻がとどめのひと言。「掃除でもしたら？」……。

「わかる、わかる」。あなたのそんな心の声が聞こえてきそうです。

数年前の私は、このように自分では全くコントロールできない週末を過ごしていました。自分をマネジメントし、時間をコントロールする。それはかつての私にとって大きな課題でした。もしできなければ、夢や目標の実現はますます遠ざかっていきます。

ただでさえ、仕事と家事・育児で精一杯な私たちが、さらに時間とエネルギーを捻出して夢や目標に向かうわけですから、あらゆることをコントロール下に置かなくてはなりま

せん。それにはまず何よりも自分自身をコントロールする必要があります。

毎日晩酌を欠かさず、土日の朝は10時頃まで起きられない。掃除・洗濯はイヤイヤ。料理もしない。子どもたちの急な発熱やわがままに翻弄され、１日中家にいるだけでクタクタになり、やっぱり晩酌だけが楽しみだったかつての私。そんな人間が、どのように習慣を変えていくことができたのか。

この章では、夢や目標を達成するうえで欠かせない「習慣を味方にする」ためのヒントをご紹介します。

2　正しい習慣こそ、夢へのパスポート

毎日できるだけ同じ時間に、同じような心持ちで、同じことに取り組む

「正しい習慣」とは、「規則正しい習慣」のことを意味しています。

毎日できるだけ同じ時間に、同じような心持ちで、同じことに取り組む。

面白味には欠けるかもしれませんが、その繰返しが、夢や目標に近づく1歩になると私は思っています。

なぜなら、私たちが諦めかけていた夢や目標とは、細かく分解していくと、日々の繰返しや小さな取組みの積重ねであることが多いはずだからです。

たとえば、「1度は諦めた国家資格に再度チャレンジしよう」という方がいるとします。その場合、まずは時間の確保や日々の勉強の習慣化から始めるでしょう。

「きょう2時間頑張ったから、明日と明後日は休んでもいいや」では、スタートラインに着くことさえも難しい。小さくてもいいから正しい習慣をつくり、1歩1歩踏み出していく。方法はそれしかないように思います。

習慣といえば、大リーガーのイチロー選手は、そのお手本のような方です。

食事のメニューや球場へ入る時間、その後のウォーミングアップ、打席に入る際のフォームまで、毎回同じだということは、周知の事実です。

それによって、ちょっとした違和感や変化にもすぐ気がつくことができる。微調整することこそあれ、こうした反復をもう何十年も繰り返しているというのですから、本当に頭が下がる思いです。

不測の事態は割り切るしかない

一方で、私たちのように、子育てするビジネスパーソンは、規則正しい習慣を築きたくても環境がそうさせてくれない面も多々あります。

突然の残業や休日出勤、子どもや家族の体調不良による看病……。

休日、「子どもが寝静まったいまこそ、勉強のチャンス！」と思いきや、子どもが急に嘔吐してしまい、その対応に追われた……なんていう経験、ありませんか？

でも、不測の事態は割り切るしかありません。私たちにとって不測の事態はむしろ日常茶飯事ですから、そこは完全に頭を切り替えて対応する。

そして、不測の事態を乗り切ったら、また元どおり正しい習慣に戻っていくのです。ここで、「遅れを取ってしまった。どこかで時間を取り戻さなくては」と考えてはいけません。取り戻そうと焦れば焦るほど、目の前のことが疎かになってしまうでしょうし、そもそも取り戻すだけの時間的余裕など私たちにはないのですから。

正しい習慣に戻ったときに、１つひとつのタスクを集中して対応していくことで、限られた時間を最大化することのほうが効果的です。

このようにいつでも立ち返る習慣を築いておくことは、夢や目標を実現するうえで不可欠なことだと私自身、身をもって実感しました。

●ポイント－－－－－－－－－－－－－－－－－－－－－－－

あなたにとっての正しい習慣とは何か、書き出してみてください。

3　育児を通じて正しい習慣を築く

酒断ち

私は、次男が誕生する直前からお酒を控えています。すでに1年半以上が経ちます。それまでお酒は私にとって習慣であり、欠くことのできないものでした。少なくとも私自身はそう思っていました。

仕事の疲れや悩みを一時的に忘れさせてくれる。1日の育児の終わりをしみじみと労ってくれる。反面、翌日にはその反動が否応なしに私を襲いました。

朝、思うように起きられないのです。たとえ起きられたとしても、ただでさえ低血圧であることに加えて、頭が働かず気分も冴えない。必然、休日に子どもと遊んでいてもどこか注意散漫になっていました。次男が生まれ、さらに育児に時間を割かれるであろう中、このままの生活で果していいのか。自分なりに葛藤しました。

結局、次男の出産予定日である2週間ほど前から、お酒を控えることにしました。最初は妻から、「いつ陣痛が来るかわからないから、産まれるまでは飲まないで」と言われていただけなのですが、それならいっそと「いや、もう当分飲まない」と答えていました。

それから晩酌をしなくなり、少しずつですが夜早く寝るようになりました。結果として、休日でも平日とそれほど変わらない時間に起きることが苦痛ではなくなり、余裕を持って息子たちと関われるようになりました。

自分をコントロールできているので、家事育児に対しても主体的に取り組めるようになり、自分の時間を捻出できるようにもなってきました。

時にムシャクシャして飲みたくなる日もありますが、そんなときはノンアルコールビールで気分転換をしています（最近のノンアルコールビールは見た目がそっくりなので、本当に酔った気分になることもあります（笑））。

習慣を変えるためには、何かしら捨てなければいけない

ここまではあくまでも私の実践例であり、お酒を控えることをあなたにすすめているわけでは決してありません。私の場合、付合いの回数が減ってしまったり、飲み会の場でもソフトドリンクしか飲まないことから、周りをシラけさせてしまっている可能性があったりします。それは決して本意ではありません。

でも、経験上、１つだけ言えることは、もし先延ばししていた夢や目標を実現させるの

であれば、いまの習慣を何かしら変える必要があり、そのためには、何かしら捨てなければいけないものもある、ということです。

自分の趣味かもしれませんし、長年習慣にしていたことかもしれません。私の場合はそれがたまたま飲酒だったというだけのことです。

いまの私には、自らをマネジメントし、日々をコントロールしている感覚が芽生え始めています。自らつくり上げた習慣が自信となり、子どもたちとの触れ合いや自らの目標に対する行動にも好影響を与えています。

仮に2児の父であれば、自分の他に家族が3人います。自分の思いどおりになどほぼなり得ません。であれば、無理に環境をコントロールしようとするよりも、自分で自分の習慣や感情をコントロールしてしまったほうが余計なストレスや軋轢も少なく済みます。

最初は小さな1歩でいいと思います。「毎週」行っていた趣味を「隔週」にして、その分家族との関わりを増やす、というレベルからでも十分です。こうしたコントロールを自らできるようになることが、ひいては目標達成にもつながっていくはずです。

●ポイント－－－－－－－－－－－－－－－－－－－－－－－－－－－－－

もし、いま、ある習慣のうち何か１つを変えるとしたら、何を変えられるか考えてみてください。

4　母親の強さに学ぶ

本当に大切なことのためにあらゆる無駄や欲を切り捨てる

「やっぱり実際にお腹を痛めた母親はスゴイな。父親は敵わないよ」。

奥様の育児している姿を見て、こんな思いを抱いたことはありませんか。

私も長男誕生後は、よくそう思っては父親である自分への言い訳をしていました。

たとえば、子どもが嘔吐してしまったとき。私はいまでも、「何からすればいいんだ!?」と体が固まってしまいます。でも、妻は違います。子どもの身を案じ、そしてすぐさまタオルや着替えの準備をします。「やっぱり『母親』には敵わないな」。

でも、最近ようやく気づきました。「母親」だからではなく、それはその女性自身の、子どもに対する思いの強さからくる行動なのだということをです。

私の妻は「料理が嫌い」です。結婚前、料理をふるまってもらったことは数えるほどしかありませんでした。

結婚し、イヤイヤと言いながらつくり始め、いまでは仕事を抱えながらも私と息子たちの料理を準備してくれています。

子どもたちと21時には就寝し、朝は、平日は5時前には起き、子どもたちの保育園の準備や料理の仕込みをしてから会社に向かいます。土日もほとんど生活のペースを崩しません。子どもたちのペースを中心に習慣を築いています。

反面、私のかつての生活は前述したとおりですから、リズムが合うはずもありません。私自身お酒を控え、家事・育児や目標を中心に習慣を築くようになって初めて、妻の偉大さを感じることとなりました。

本当に大切なことのためにあらゆる無駄や欲を切り捨てる。時に友人たちとの集まりでお酒を酌み交わしたり、好きなアーティストのライブに出掛けて帰宅が遅くなったりすることはあっても、次の日は当然のようにまた子どもたちの食事の世話をしている。

当たり前のようでいて、これは本当にすごいことだと思います。

とある本で読みましたが、母親は妊娠中に徐々に母親としての自覚を育んでいく一方、父親はそうした助走期間がないため、産まれてきていきなり父親になることで戸惑いも多くなる傾向にあるそうです。私自身もそうでした。

しかし、産まれてすぐならまだしも、1人目が生まれ、2人目が生まれていくうちに、私たちも母親とか父親とか区別するのではなく、1人の親として自覚や強さを持たなければばならないように思います。

母親の強さは決して当たり前ではなく、1人ひとりの女性たちの努力によって育まれているのです。

私たち現役子育てパパはそこから多くのことを学び、そして活かしていくことができるのではないでしょうか。

●ポイント

これまでの結婚生活の中で、奥様から学び得るのはどのようなことか、振り返ってみてください。

5　「仕事」「家庭」「夢・目標」の共通点を見つける

限られた時間を最大限活かす方法

「仕事と家事育児と自身の目標。どうせやるならそれぞれをすべて完璧にこなさなければ気が済まない」というような完璧主義者の方にぜひ読んでいただきたいのが本節です。

私たちにとって、そもそも自由な時間は限られています。無理に完璧を求めればすべてが中途半端になりかねません。または、そのいずれかに集中するあまり、バランスを欠いてしまうことも考えられます。そのとき、どうやってその葛藤を乗り越えていくのか。

限られた時間を最大限活かす方法。それは、それぞれの持つ共通点を見つけ、1つの取組みでも他の取組みに好影響を与えられるよう、「相乗効果」を意識して取り組むことです。

たとえば、私の本業は社会人対象の研修コンテンツの開発や、研修の実施運営です。そして、その裏には日々事務処理の繰返しがあります。

会社にとって重要な業務であることは理解しているものの、1日に何十件もその処理が重なったときは正直心折れそうになることもあります。

そのとき、ふとこんなことを思い出します。「そういえばこの前、次男のオムツを替えた瞬間にまたウンチをされて、すぐオムツ替えする羽目になったな」と。

つまり、ルーティンの繰返しはいずれにも共通することであり、その取り組む姿勢を仕事で鍛えることで、そのまま育児にも役立てることができるのです（逆も同様です）。

個々の活動の共通項を括り出し、常に相乗効果を図る習慣を身につける

「仕事中、自分ではコントロールできない状況下に置かれても、感情をコントロールする習慣を身につけることで、家庭での同じ状況にも対応できるようにする」

「子どもたちの新しいことに挑戦する姿を目の当たりにすることで、自ら新たな挑戦をする際の意識づけを行う」

「夢や目標達成に向けた自由な時間づくりのため身につけたタイムマネジメントスキルを、仕事でも役立てる」

こうして個々の活動の共通項を括り出し、常に相乗効果を図る習慣を身につけることで、限られた時間を完璧とはいえないまでも、かなり有効に使うことができるようになります。

この捉え方のもう1つのメリットは、仕事や家事・育児で想定外の時間がかかってしまったり、負荷がかかったりした場合でも、その分、他の活動も前進していると思えることです。

「残業をしたせいで、きょうはマラソンに向けた練習ができなかった」と考えるのではなく、「残業を通じて最後までやり切る姿勢を鍛えたから、その経験をマラソンの完走に役立てよう」と考えてみる。

難易度は決して低くありませんし、私自身完璧にできているわけではありませんが、少なくともこの習慣は身につけておいて損はないはずです。

●ポイント―――――――――――――――――――――――――

「仕事」「家事・育児」「夢・目標へ向けた行動」のそれぞれのフェーズで、常に相乗効果を図れるよう意識してみてください。

6　私はこんな習慣を身につけた

意外に少ない、夢や目標に向けた活動の時間

「なんだか偉そうなことばかり書いているが、著者自身は一体どんな習慣を身につけているんだ？」と思われているかもしれません。

ここで少し、私の平日と休日の過ごし方を披露します。まだまだ理想にはほど遠いのですが、少なくともこれが現時点でのありのままの生活です。

【平日】

6：10　起床～朝の支度
6：40　ゴミ出し
6：50　自転車で出発～保育園に子どもたちを送り届ける
7：10～9：30　通勤（勉強や読書、原稿作成など）
9：30～18：00　通常勤務
18：00～20：00　残業等

20：00～22：00　通勤（勉強や読書、原稿作成など）
22：00　帰宅
22：00～24：00　筋トレ10分間～風呂～食事～フリータイムまたは目標に向けた活動
24：00　就寝

【休日】
7：30　起床
AM　風呂掃除、トイレ掃除 or 病院送り迎え or 長男スイミング送り迎え
PM　外出 or 家族団らん or アイロンがけ等
17：30　子どもたちと風呂に入る
18：00　食事
19：00　洗濯物干し
21：00　就寝（余力がある場合は夢や目標に向けた活動）

「あれっ？　夢や目標に向けた活動の時間が少なすぎるじゃないか？」と思われたかもしれません。そうなんです。私自身、さほど多くの時間が取れているわけではないのです。

あなたも恐らく同じような生活サイクルでしょう。実際、余力なんてほとんどないです

よね。でも、正しい習慣を築いておけば、必ず隙間時間や空き時間が生まれてきます。

この原稿を書いているのは帰りの通勤電車の中ですが、この時間は本来であれば興味のある分野の勉強や読書に充てており、いまはその時間を使って書いています。

もし習慣を築くことなく、日々の調子や気分で生活を繰り返していたとしたら、時間の確保も、夢や目標を意識し続けることも難しかったかもしれません。

正しい習慣というのは、一朝一夕に身につくものではありません。しかし、正しい習慣を一旦手に入れることができれば、一時的に維持ができなくとも、比較的容易にもとに戻すことができます。そして、夢や目標へ向けた基盤が整うことで行動が加速していきます。

●ポイント――――――――――――――――――――――
夢や目標に向け、正しい習慣という基盤を整えてみてください。

7　どうしても継続が難しいとき

夢や目標を先延ばしすることも1つの方法

とはいえ、私たち子育てするビジネスパーソンの場合、築いた習慣を実践できないときが多々あります。

「納期がタイトな業務を振られ、残業が何週間も続いている」

「長男に続き、次男も風邪をひいてしまい、土日はその看病に追われてしまった」

「心身ともに疲れ果ててしまい、どうにもモチベーションが湧かない」

など、あなたも経験があるかと思います。「当分、この状況は変えられないな……」そう思ったら、思い切って、夢や目標を先延ばしすることも1つの方法だと思います。

「先延ばししていた夢や目標を取り戻すための本なのに、それでは本末転倒ではないか」。そう思われるかもしれません。

しかし、それでも私は先延ばしをおすすめします。なぜなら、私たちの活動は、あくまでも、本業や家庭、自身の健康があってこそ成り立つものだからです。

活動に向けてストイックに頑張れば頑張るほど、いつしかその優先順位が逆転してしまいがちです。「この目標は絶対に年内に達成しなければ！」といった力強い目標を掲げていれば、なおさらでしょう。

本業や家庭があってこその自身の活動

私もかつて、優先順位を見誤ってしまったことがあります。

東日本大震災が発生した年、復興応援活動を始めた私は、本業こそ全うしていたものの、家庭を全く顧みず、自身の活動に明け暮れていました。当時長男は1歳。何より彼のサイクルを最優先すべき年だったはずです。

しかし、自分の築いた習慣や活動のサイクルを壊したくない一心で、そうした家族の声に耳を塞いでいました。

もしあのままのペースで私が活動を続けていたら、いまこの生活はなかったかもしれません。そういう苦い経験を経たのち、私は本業や家庭があってこその自身の活動であることを改めて実感しています。

いまは、どうしても思うとおりにいかないことが起きた場合は、目標達成時期を延ばしたり、一時的にストップしたりと柔軟に対応することができるようになりました。

1度取り戻した夢や目標は、一時的に手放したとしても、すぐにまた取り戻すことができます。

焦らず、そして諦めず、1歩1歩確実に歩みを進めていきたいものですよね。

●ポイント

どうしても状況が厳しいときは、無理に夢や目標を叶えようと焦らず、1度立ち止まってみてください。

第6章　応援ツール④：制約を活かす

本章では、「具体的に行動を起こすうえで、いまの環境はあまりに制約が多すぎる……」という方のために、制約を最大限に活かすヒントをまとめています。

1　小遣いや自由な時間が増えればやりたいこともできるのに

不自由さ（制約）を逆に利用する

「もう少し自由になる小遣いや時間が増えれば、やりたいこともできるのに……」。

そう、私たち現役子育てパパには「自由」の2文字が圧倒的に不足しています。家族からモチベーションをもらってはいるものの、そのモチベーションを行動に変換するだけの自由がない。

そう思うと、不完全燃焼感が頭をもたげてきます。

私自身も父親となって以来、常にこの制約と戦ってきました。次第に削り取られていく週末の自由な時間、年々減っていく小遣い、下がっていく家庭内における優先順位……。抵抗したところで仕方がないのですが、時に独身の友人が羨ましく見えたりもしました。

このままではまずい。そこで、次男誕生を機に私は考え方を逆転させることを試みました。

いかに不自由であるかを自覚し、その不自由さ(制約)を逆に利用することにしたのです。

制約は使い方次第で大きなエネルギーになる

制約のある環境はやりたいことが何でもできるわけではない一方で、必然、創意工夫をせざるを得ず、その分、１つのことに対する向き合い方も変わります。

たとえば、「10万円使って楽しいことをしてください」と言われた場合と、「所持金ゼロ円で楽しいことを考えてください」と言われた場合とでは、選択肢は確実に前者のほうがたくさんありますよね。

でも、実際に本気で創意工夫をしようという発想が生まれるのはどちらの環境でしょうか。また、選び取ったものに対して、迷いなく一心に取り組めるのはどちらの環境でしょうか。

制約は本来不自由なものではありますが、味方につけることであなたの強力な武器にもなり得ます。私自身、１児の父だったときよりも、２児の父になった後のほうが、間違いなく行動が加速しています。

これは、自由が一層少なくなった分、手が届きにくい選択肢を自然と諦められるようになったこと、また、時間が足りない分、一瞬一瞬に全力を尽くせるようになったことなど、この制約という武器を最大限活用しているからに他なりません。

前述したとおり、本書の原稿作成は、片道２時間の通勤時間を利用して、スマートフォンにひたすら文字を打ち込み、約１か月間で一気に完成させました。

いくらでも自由があったら、「まあ、いつかまとまった時間ができたら……」「あれとこれをやり終わったら……」と何かしらやらない理由を探していたと思います。独身時代の私がまさにそうでした。

一見不自由に思える「制約」。しかし、それも使い方次第で、私たちにとって大きなエネルギーになり得るのです。

2　4年間休まず問い続けた「いま、この自分に何ができるか」

制約に一時は反発していた

私たち現役子育てパパは、日々制約の中で生きています。

仕事の時間、家事育児の時間はなかなか自分で決められるものではありませんし、その他、「使えるお金」「自由な時間」などにも制約は事欠かないことでしょう。

私もそのような制約に一時は反発していました。でも、いつしかその制約を受け入れ始めた自分がいました。

きっかけはやはり東日本大震災です。このとき私は、テレビから流れてくる被災地の状況に居ても立っても居られず、何かできることはないかと千葉県の自宅にいながら考えていました。

全国各地から東北に集結し、何週間もボランティアに励む方々。

ポケットマネーを何億円も寄付する経営者。本業を捨ててまで現地に赴いた同僚。

そんな方々が存在する中で、子育て世代のサラリーマンである自分にできることなど高が知れています。

ある著名人の話

当時は無力感に苛まれもしました。

しかし、ある著名人がテレビで次のようなことを話しているのを観て、意識が変わりました。

「行動を起こすことは『微力』かもしれないけど、決して『無力』ではない」

この言葉が私の胸に刺さりました。

そのときから、徐々にですがこう考えるようになりました。「いま、『この自分に』何ができるか」と。

環境は簡単には変えられない。すべてを捨ててまで飛び込む勇気はない。でも、いまの自分のベストは尽くせるはずだと。

来る日も来る日も同じ質問を繰り返しました。

お金も時間もない私は、何度も現地に行けないのならと、SNSやネットを通じた活動に注力するようになりました。また、できるだけ身軽に動くことができるよう、基本的に活動は1人で行っています。いまこの自分が制約だらけでも、できることは必ずあります。

●ポイント

「いま、自分に何ができるだろうか」と、自分自身に問いかけてみてください。

3　制約を力に変える

制約のない子育てパパなどいない

いまのあなたにとって1番の制約は何ですか。時間ですか。それともお金ですか。

制約のない子育てパパなどいないと思います。奥様が家事育児のすべてを引き受けてくれ、自分は好きなだけ仕事をして、好きなだけ遊ぶ。もしそのような方がいたとしたら、そもそも本書を手にとってはいないでしょう。

本書のメインコンセプトは、私たちのように制約がある中でも何とかして自身の夢や目標を諦めずに追いかけていくことに他なりません。

とはいえ、制約を「敵」として捉えているうちは、なかなか前には進みません。また、制約は、ともすると言い訳への入口にもなりかねません。

私自身も長男が生まれてから数年は、この「敵」と真っ向から戦っていました。

「何とかして、もっと使える時間を増やしたい」

「やりたいことはすべてやり尽くしたい」

「小遣いをこれ以上減らされないためにはどうしたらいいか」

こんなことばかり考えていました。

しかし、このような考え方では、妻や子どもとの距離は遠くなるばかり。長男が熱を出して寝込んでいるときでさえ外出を譲らなかった私を、妻は「『本当に自由な人っていいね』と半ば呆れていた」と振り返っています。

転機

転機は、私が、転職を挟んだ有休消化中に、１か月間主夫をしたことでした。長男と２人きりになり面倒を見ているときに思いました。

「自分はこれまで、このような状況を顧みず好きなようにやってきた。結果として家族はバラバラになりそうになった。でも、これからは制約を受け入れたうえで本当にやりたいことだけに取り組むべきではないか」。

その後、趣味だった草サッカーやJリーグ観戦を控えるようになりました。翌年にはお酒を控えるようにもなりました。その分、家族との時間を増やすことができました。

楽しい趣味や習慣を手放す代わりに、絶対に譲れないことだけに絞って活動をしてきました。「これだけは絶対にいまやりたい」。制約を「味方」につけ、オリジナルTシャツを制作して寄付を募ったり、幸いにもその活動が新聞やラジオに取り上げられたりもしました。

あなたに、私と同じように趣味や楽しみを諦めてほしい、と言っているわけでは決してありません。しかし、実際にはいかがでしょう。独身時代と比較して、普通に暮らしていれば制約は確実に増してきており、抵抗すればかえってストレスになるばかりではないでしょうか。

だとすれば、第4章で述べたように、もう1つの視点を身につけることで、制約さえも力に変えていくことが解決策の1つになると私は身をもって実感しています。

●ポイント

制約を「敵」に回すのではなく、「味方」と捉えてみてください。

4 「3ない」状態は最高の環境

「3ない」状態とは

次に「自分の時間」「使えるお金」「家庭内での立場」という「3ない」状態をどのように活用できるかについてみていきます。

自分の時間

まず、「自分の時間」。これは、減ることはあれ、簡単には増やしようがありません。ですから、限られた時間をどのように意識して活用するか、どれだけ集中して過ごすかに尽きると思います。

例えば、金曜日の夜。あなたは仕事がいつもより早く終わり、20時に家に着いたとします。明日は休日。仕事で心身共にバテバテ。この後、就寝までの時間をどのように過ごしますか。

このような状況に置かれた場合、私はようやく生まれた自由な時間を活かすため、体づくりやマラソンの準備のためランニングすることが多いです。

仕事で疲れた体も、スポーツという視点の異なった活動をすることでリフレッシュさせることができます。

メルマガの原稿を書くこともあります。隔週で締切りがやってくるため、こちらを優先することもあります。

いずれにしろ、このような時間ができたら即行動に起こせるよう意識しています。

一方で、疲れた体と頭をリフレッシュさせるという目的で、DVDを観たり、本を読んだりして過ごすこともあります。

いずれにも共通するのは、行動を起こす前に自らに問いかけ、「目的を持って」時間を活用するということです。

「明日は休みだ。今週も疲れたな〜」と、何となくいつもの習慣で冷蔵庫から缶ビールを取り出す（これ、以前の私です）前に、ちょっと立ち止まってみてください。

使えるお金

次に「使えるお金」。

私の小遣いは、6年前の結婚当初に比べて、約半分にまで減りました。子どもの教育資金、習い事、住宅ローンなど、次から次へと出費が増えていき、気づけば飲み会などに参加する回数も激減しました。

でも、この制約も要は活かし方次第です。ない袖を振ろうとするよりも、ないなら自分で楽しみをつくり出せばよいのです。

私がこれまで取り組んできた活動も、マラソン出場費用や富士山登山用の道具購入費用など一部を除けば、すべてお金のかからない活動ばかりです。

もちろん、お金をかければできることも広がるのは間違いありません。でも、こうした考え方の場合、「お金がないから〇〇できない」という言い訳も生まれやすくなります。

ＳＮＳやブログに代表されるように、いまの私たちの周りには、無料で使える環境が溢れています。

お金がなければ知恵を出せばいい。その分だけ成長加速も高まる、と私は経験上感じています。

家庭内での立場

最後に「家庭内での立場」についてですが、これは「活かす」というよりも「受け入れる」というほうがしっくりくるかもしれません。

日常生活におけるリスクは、われわれ大人よりも子どもたちのほうが圧倒的に高いわけですから、私たちの優先順位が下がるのはもはや必然です。であれば、自らその事実を受け入れ、そこからどのように家庭に貢献するかを考えていくほうが健全ではないでしょうか。

第3章で述べたように、自分中心ではなく、相手（家族）中心に考える。自ら利他の心を育むことで、その習慣は仕事や目標達成にも役立てることができます。

以上は、私なりの「3ない」の活用方法です。いずれにも共通するのは、この環境を自ら進んで受け入れ、力に変換していくことです。

●ポイント

もしあなたが「3ない」の状況に置かれているとしたら、その状況を前向きに活用してみてください。

5　浪費を食い止める

「3ない」状態で目標に向かっていくとき

「3ない」状態の私たちが目標に向かっていくためには、これ以上のムダは何としても避けたいところです。

それは金銭的にも然り、時間的にも然りです。特に時間の浪費は、夢や目標の実現のうえで致命的にさえなりかねません。

なぜなら、活きた時間をいかに生み出していくかが、夢や目標実現の鍵ともいえるからです。

もちろん、「浪費」の定義は人それぞれですから、一概に「○○はＯＫ」「△△fダメ」とは言えません。

たとえ「読書」といった一見有意義に思える行為でも、人によっては、または内容によっては、目標を達成するうえで時間の浪費になる可能性があります。

そういう意味では、まず自分のいまの生活において、浪費している時間があるのか。またあるとしたら何をしている時間がムダである可能性が高いかを1度洗い出してみてはいかがでしょうか。

そして、そういう時間をできるだけ「投資」の時間に変換していくのです。

「浪費」に組み入れたのはこんな項目

以前、この仕分けを行ったことがありましたが、そのとき私が「浪費」に組み入れたのは次のような項目です。

・観るつもりはなかったのに何となく観続けてしまっているテレビ番組（いまは、どうしても観たい番組は、録画して、時間を決めて観るようにしています）

・抜けるに抜けられない、飲み会の後の二次会（いまは、勇気を持って、できるだけ一次会で失礼するようにしています）

・目的の定まっていない買い物（いまは、必要なもの以外に目を向けないようにしています）

これらに共通しているのは、当初の目的とは異なる時間を、「何となく」過ごしているということです。

たとえ購入目的のないショッピングであっても、「視野を広げる」とか「気分転換をする」という明確な目的があればそれは浪費ではありません。二次会にしても、自分にとって有意義であるものなら、全く問題ありません。

そして最も理想的な時間の使い方は、いつ何をやるとしても、「その経験は夢や目標に向けて、いかに役立てられるか」を予め意識しておくことです。

スピードが求められる現代社会にそんなに余裕はないかもしれませんが、行動を選択する前に1分でもいいので、立ち止まって考えてみてください。

●ポイント――――――――――――――――
何か行動を起こすとき、「浪費」ではなく「投資」の時間になるよう、意識してみてください。

6　愚痴を言わない

同じことが起きたとき、また同じ愚痴が繰り返される

「いやぁー、育児なんて非効率だし、やってられないよな～」

「そもそも仕事が忙しすぎるんだよ。この前なんてサー」

居酒屋で聞こえてきそうなこんな声。いわゆる愚痴というやつですね。

ストレス発散のために、ある程度思いを吐き出すことは大切ですし、私も以前はよく愚痴を言っていました。

口にすることで心のバランスが取れるものだと思っていたのです。

でも、ある日を境に、できるだけ外には出さないよう心がけるようになりました。

理由は、外に出した瞬間、自分の思考がそちらの方向に引っ張られていることに気づいたからです。

これは個人差もあるかもしれません。吐き出したらスッキリしてもとどおり、という方もいらっしゃるでしょう。

でも、そこで一時的にスッキリしたとしても、同じことが起きたとき、また同じ愚痴が繰り返されるということはないでしょうか。

私がまさにそういう状況でした。考えてみれば、根本的な解決には至らない負のスパイラルです。

この事実に気づいたとき、私は愚痴を言うのを控えてみることにしました。

もちろん、理不尽なことへの苛立ちは尽きません。頭で数日間モヤモヤして気が晴れないこともあります。

でも、そんなときも、「これは自分が立ち向かうべき試練なんだ」と捉え直し、

「この状況をどうやって打破するか」

「どのように思考を変えるか」

「乗り越えた先にはどのような未来が待っているか」

ということに意識を向けるようにしてみました。

時には自分自身を褒めてあげる

世の中そう簡単ではありませんので、自分の努力だけで完全解決にたどり着くことなどもちろん稀です。

それでも、解決の糸口を自分の中で探っていくうちに、同じことが起きたときのリカバリーの時間が明らかに短くなっているのを実感します。

仕事に家事育児に一生懸命。それだけでも私たちは十分頑張っています。

加えて、私たちは自分自身の夢や目標にも向かっていくわけですから、うまくいかないことがあって当たり前です。

時には、愚痴ではなく、自分自身を褒めてあげてください。

「こんな理不尽な環境でも、俺は良くやってるよな」

「きっとこの経験はいつか報われるはず」

いかがでしょうか。

愚痴を言うことで外に発散されていたエネルギーが、自分の中で蓄積されていくのを感じませんか。

●ポイント－－－－－－－－－－－－－－－－－－－－－－－－－－

制約に対する意味づけを、「試練」と捉え直してみてください。

7　1点集中主義で生きよう

ハイブリッドな思考の持ち方

私たちの多くは、起業をしているわけでも、フリーランスとして働いているわけでもありません。ほとんどの方が、会社員として組織に属していることかと思います。

会社員であれば、異動も転勤もあります。入社時の希望どおりの部署で希望どおりの職種に就いている方は一握りかもしれません。

一方で、会社員にはメリットも少なからず存在します。定期的に振り込まれる給与、充実した福利厚生、突然穴をあけてもサポートしてくれるメンバー。そして、このような比較的安定した立場ゆえに実現可能なこともあります。本書で提唱する夢や目標の実現も、こうした環境が前提にあります。

この安定感を活かしつつ、本業や家事育児に加えて起業家のように1つのことに没頭し切ることはできないか。

そんなハイブリッドな思考の持ち方について考えてみます。

何か１つに賭けている人間はスゴイ

２０１４年10月の３連休、横浜の山下公園へ家族で遊びに行きました。そろそろ帰ろうかと出口方面に向かうと、そこにはたくさんの人だかりができていました。

年齢30代後半くらいの大道芸人が、メインのファイヤー演技をしているところでした。大道芸が大好きな長男の希望もあり、足を止めてその技に酔いしれました。

高さ２ｍはあろうかという一輪車に乗り、その上で３本のたいまつをお手玉のようにキャッチしていく。大歓声に包まれながらすべての演目が終了しました。

終了後、持参していたカバンを手に、大道芸人の方は私たちにこう言いました。

「大道芸人を始めて十数年。平日は毎日練習し、土日はこうして皆様の前で披露しています。私は『これ１本』で生きてきました。でも、正直生活は不安定で、不安は尽きません。どうか皆様の応援をお願いします！」

掛け声とともに人が群がり、千円札が次々と彼のカバンの中に入っていきました。

生活に困っているかどうかの真意はわかりかねますが、彼の演技を見れば、本気で大道芸１本にかけてきたことは明らかでした。

火を使ったり、リンゴを突き刺すほどの鋭い剣を使ったり、さらには２ｍ以上もあろうかという一輪車を使ったりと、彼は命がけの演技をまるで日常生活を営むかのように当たり前にこなしていました。

「何か1つに賭けている人間はやはりスゴイ」

それに引き換え自分は……。定職があり安定した収入がある。家族と不自由なく暮らしている。あくまでもそのベースは維持したうえで夢や目標を目指している。

すべてを捨てて何かに賭けることができないなら、せめて仕事と家事育児以外の時間は1つのことに賭けてみよう。改めてそう思わされました。

こうして私は、2年間粛々と続けていたある国家試験の勉強を一旦中断し、この書籍の原稿を書くことだけに集中することにしました。いま、空いている時間はすべて原稿作成に意識を向けています。

不安がないわけではありません。でも、あの大道芸によって、すべてを捨てて何か1つに賭ける素晴らしさに触れることができました。

彼は心から楽しそうでした。きっと私たちも、1つの到達点を目指し続けることで、充実した日々を過ごすことができるはずです。

●ポイント

これまでの人生で1つのことに賭けていたときのことを、振り返ってみてください。

第7章　実際に行動を起こす

本章では、私が試行錯誤しながら取り組んできた夢や目標に向けた行動のプロセスを振り返り、実際どのように挫折や失敗に立ち向かっていったかについてみていきます。

1　仕事で疲れ果てて、1歩が踏み出せない

夢や目標を掲げて自らを奮い立たせる

本書は、育児をしながら仕事で成果をあげるためのビジネス書でもなければ、仕事をしながら家事・育児を軽やかにこなすパパを目指すための育児書でもありません。

仕事にも家事・育児にも全力で取り組んだうえでさらにもう1つ、自らの夢や目標を取り戻し、そこに向けて実際に行動を起こしていくことが目的です。

しかし、事はそう簡単に運ばないことはよくわかっています。仕事上の緊急トラブル、思いどおりにならない育児……。これらをこなした後に残るのは、回復しようのない疲労感だったりしますよね。

私自身も、土曜日や月曜日の朝は、頭がボーッとしてすぐに働かないことがよくあります。

でも、そんなときは、追いかけている夢や目標を頭に掲げて自らを奮い立たせています。

そう、夢や目標を取り戻すことには、仕事や家事・育児で疲弊しきった心身をリフレッシュ

させる効果もあるのです。

ここからは、行動を起こすことの大変さを十分踏まえつつも、私が取り組んできた行動に至るプロセスを振り返っていきます。実際、順風満帆に進んだことなど1度もなく、常に一進一退を繰り返しながら、なんとかして1歩でも歩みを前へ進めようともがいてきました。

でも、こうも思うのです。「辛く厳しい日々の記憶は徐々に色褪せていくが、『行動を起こした』という結果と自信は自分の中に残り続けるんだ」と。

2　やりたいのにやらないことの弊害

チャリティTシャツ

「夢や目標はあるにはあるけれど、限りある自分の時間を使って取り組むにはちょっと……。ただでさえ、頭も体も使って一杯一杯の生活だし……」。

新しい行動を起こすことは本来不安であり、面倒なものです。時間も気持ちの余裕も十分にある状態ならいざしらず、普通に考えれば私たち現役子育てパパは、そのような時間も余裕も持ちようがありません。

だからこそ、1歩踏み出すだけでも大きな前進だと思うのです。

私のこれまでの行動の中で最も大きな1歩だと自負しているのは、2013年8月、「チャリティTシャツをつくり、賛同者を100名集め、そのTシャツを着たランナーを東京マラソン2014に送り出す」と決めたことでした。

チャリティTシャツとは、東日本大震災発生後に友人の協力を得て、デザインおよび制作したTシャツのことで、製作費等を除く全額を東北に住む子どもたちへの育英事業に寄付させていただくというものです。2011年に最初の制作を行ったときは、知人友人を中心に延べ50名の方に賛同いただきました。

その企画に、2年の時を経てもう1度チャレンジしようと考えたのです。2013年9月から約半年間にわたったこの企画は、結果として、延べ270名に及ぶ賛同を得るに至りました（1枚あたり制作費1，000円と寄付金1，000円の協力を要請）。

まず、チャリティTシャツ制作と並行してチャリティランナーを募り、ランナー輩出への賛同依頼をSNSや人海戦術を用いて展開。寄付金の一部を「東京マラソン財団」に寄付し、チャリティ枠を1枠確保しました。

マラソン当日は、そのチャリティランナーが協力者の想いを乗せたチャリティTシャツを着て、見事完走。

この企画は、これまでの復興応援活動の中でも特に大きな反響を呼び、新聞などにも取り上げていただきました。

はじめの１歩はかなりためらいもある

当時を振り返ってみると、仕事と家事育児以外のすべての時間（通勤時も含めて）をこの活動に充てていました。

企画立案、デザイン、広報、申込み窓口、Ｔシャツの発送、さらには自分自身も別のマラソン大会に出場するため練習に励んでいました。いずれも、スポットでのサポートはいただきながらも、基本的には私１人で行いました。

正直、いま思い出してみても、「もうあのエネルギーは出ないなー」と感じます。帰宅後に行っていた、賛同者の方１人ひとりとのメールのやりとりは、送受信合わせて１，０００件は下らないでしょう。

でも、行動を起こしたことに後悔はありません。むしろ、よく決断したな、と当時の自分を褒めてあげたくなります。

最初からここまで大変な企画だという想定はしていなかったものの、はじめの１歩はかなりためらいもありました。1度始めたら中途半端には止められないし、他にやりたいことも半年間はできなくなる。周囲にも相談しました。

やるべきか踏みとどまるべきか……。

始めるのに遅すぎるということはない

最後に私を後押ししたもの。それは、「思い立ったのに結局やらなかった場合、絶対に後悔する」と思ったことです。

東日本大震災は、私に多くの教えを残してくれました。そのうちの1つが、「明日、自分はこの世にいるかわからない」ということです。どんなに安全と思われるところにいようとも、その保証はないことを、あの日私は思い知らされました。

だからこそ、「やろうかな」と思ったことは、できるだけ早く着手するようにしています。ここで躊躇してしまうと、結局やらないことや自分への後ろめたさばかりが頭を占めます。行動もストップしてしまいます。

始めるのに遅すぎるということはありません。ぜひはじめの1歩を踏み出してみてください。誰かが必ずあなたの行動を待っています。

●ポイント

やろうやろうと思いつつ行動できていないことがあれば、いますぐ１歩を踏み出してみてください。

3　自分の夢や目標を宣言する

有言実行

新しいことをやるのにはいつも不安がつきまとうものです。

うまくいくだろうか。

笑い者にされるんじゃないか。

家族や同僚に迷惑をかけはしないか。

行動は不安との戦いでもあります。私自身、何度もその戦いに負けそうになりました。その度に、なんとか向き合って来られたのは、「自分の夢や目標を宣言する」ことの効果を活用してきたからです。

「有言実行」という言葉。私は学生の頃、この考え方にどうしても馴染めませんでした。なぜ、できるかどうかもわからないことを公表しなければならないのか。もしそれでできなかったらみんなの笑い者じゃないか。

他人の目からどう見られるかを1番に気にしていたんですね。

もちろん確実にできることや実際できたことしか口にはしないわけですから、当然、結果も想定内のレベルに留まります。それでも気にはなりませんでした。これも自分の個性だとくらいにしか思っていませんでした。

しかし、約4年前から始めた東日本大震災の復興応援活動は、すべてが未知のことで、日々暗中模索という状態でしたから、これまでの「不言実行」のスタイルでは、誰も私の声に気づいてくれません。

さらには、「被災地の方々にエールを送る」というコンセプトで活動しているのに、そのエールを送ろうという人間ができる範囲のことを粛々と取り組んでいるだけでいいのか、という葛藤もありました。

だからこそ、できるかどうかわからないことをあえて宣言し、自分を追い込むことで活動範囲を広げ、深みを生みだし、結果として想定以上の成果をあげることを目指しました。

まず宣言し、その実現のために行動を始める

現在運営しているFacebookページは、まさにそんな有言実行スタイルで影響範囲を広

げてきました。

２０１2年9月に、「『忘れてないよ』のメッセージを『いいね』で伝えよう。～１００万人でつなぐ東北への想い～」というタイトルで立ち上げたこのページ。立ち上げ時のコメントで私は、「登録者数１００万人を目指して、この活動が世の中から必要とされなくなるまで続けていきます」と書きました。1万人ではありません。１００万人です。

あれから2年以上が経ちましたが、目標にはほど遠く、まだ3，０００名超の登録者です。

それでもポジティブに捉えれば、こんな無名の活動者に3，０００名もの方が賛同してくださっているということ自体、立ち上げ前は考えてもいませんでした。それも、大それた目標を宣言し、そこに向けてアイデアを絞り出した結果だと思っています。

Facebook 上の著名な方々にページの紹介をさせていただいたり、年に2～3回、未登録者の方に向けたキャンペーンを行ったりと必死にもがいてきました。

もし、私が、「どうせできっこないし……」と、宣言することなく活動を始めていたら、きっと数百名の方から賛同をいただいたあたりで、「もうやるだけやったからいいかな」とひっそり諦めていたように思います。

一方、いまの私は自ら諦めることは全く考えていません。

中には、「１００万人なんて言っておいて全然できていないじゃないか」と思われている方もいらっしゃるかもしれません。ただ、いまの私にとっては、他者がどう思うかはそれほど重要ではありません。

まず宣言し、その実現のために行動を始めること。それこそが、行動を生み出す1つの方法だと思っています。

●ポイント――――――――――――――――――――

やるべきことが明確になったら、まず誰かに宣言をしてみてください。

4 コミュニケーションのすすめ

先輩のひと言

ここまでお読みいただいた方の中には、「この著者はなんだか孤独な活動をしているな」という感想をお持ちの方もいらっしゃるかもしれません。

家族には囲まれているものの、夢や目標に向けて自らを鼓舞し、1人で黙々と活動をしている。確かにそう言われると否定はできません。

しかし、新たな活動をするときは、常に思いを分かち合える方々とコミュニケーションを図るようにしてきました。

前節の宣言することの効果にも通じることですが、自ら他者にアウトプットすることで、行動がその方向に引き寄せられやすくなります。しかも、不言実行の何倍ものスピードです。

例えば、復興応援活動の一環で始めたメルマガ発行がそうでした。

２０１１年６月、単身宮城県石巻市に行き、被災地の惨状を見た私は、「これは何か始めなくては」と居ても立っても居られなくなり、アイデアを考えていました。

そのときに閃いたのが、商業ライター時代の経験を活かして、毎週メルマガを発行することでした。

しかし、当時個人で、しかも被災地外から震災をテーマにメルマガを発行している人は、私の調べた限りほとんどいませんでした。

「果してこの活動が何かの役に立つのだろうか」。気持ちとは裏腹に私は1歩踏み出せずにいました。

そこで思い切って、当時所属していた会社の先輩に、企画構想を伝えてみることにしました。「もう少し練ってから始めたほうがいいのでは？」と言われると思っていた私に、先輩はひと言。

「やってみたらいいじゃないですか。応援していますから」。

思いがけずいただいたこのひと言で私は覚悟を決めました。

厳しいフィードバックも有益なコミュニケーション

翌月から毎週発行のメルマガを開始。何度も穴をあけそうになり、また途中からは隔週にしたりもしながら、３年以上続けています（２０１４年11月時点１３１号）。

このときの先輩の言葉は、いまも行動に迷ったときに自分を奮い立たせてくれています。

もちろん、有効なコミュニケーションは「後押し」ばかりではありません。時に反対意見や厳しいフィードバックも自分の覚悟を測るうえで大変有益です。

前述したチャリティランナー輩出の企画立案時も、何名もの知人友人に「こういう企画を始めようと思うんだけど、どう思う？」と相談をしました。反応はさまざまでした。

「いいじゃない。協力するよ」

という方もいれば、

「この企画の最終目的は何なの？」

「この企画提案書だとあなたのことを知らない人からは賛同を得られないかも」

と厳しめのフィードバックをくれる方もいました。

「人がせっかく忙しい合間を縫って行動を始めようとしているのに……」という気持ちをグッと押し殺し、その質問やフィードバックに答えられるだけの材料を集めました。それが、結果として周到な事前準備に繋がり、成功に繋がったのだと思っています。

仕事などにも通じることですが、何か始めようと思ったら、ある程度構想が固まったタイミングで、１度信頼できる人とコミュニケーションを交わしてみることをおすすめします。

もちろん、最後に実行に移すのは自分自身ですが、すでにそのとき私たちは孤独ではありません。

●ポイント－－－－－－－－－－－－－－－－－－－－－－－－－－－－－－

何かを始めようと思ったら、知人友人に意見を聞いてみてください。

5　７割で動き出す

１年でフルマラソンまで到達

42・195km。

数年前の私にとって、この距離は果てしなく長く、スタートラインは果てしなく遠いものでした。そしてチャレンジも完走することもなく人生は過ぎていくだろうな、と漠然と思っていました。

転機は、２０１１年。1月に10㎞マラソンに参加したのを皮切りに、同年10月にはハーフマラソン、同年12月にはフルマラソン完走を果たしました。初フルマラソンのタイムは4時間37分と平凡なものでしたが、1年でフルマラソンまで到達できたことはその後の自分の大きな財産になっています。

では、私はその裏でどのような準備をしていたのでしょうか。10㎞マラソンこそ、同じ距離を何度か走り、感触を確かめることができていましたが、ハーフ、フルと距離が増えるにつれ、練習のための時間も当然増やさざるを得ず、仕事と家事育児以外の時間の捻出に苦労しました。

メッセージを背に、毎回新たな気持ちでチャレンジ。
（2012 年 1 月撮影）

結局、ハーフマラソンのときは、練習では17㎞までしか走ることができませんでしたし、フルマラソンに至っては練習中に怪我をしたこともあり、30㎞までしか走れませんでした。半ばぶっつけ本番でした。

「もう少し計画的に練習を重ねてからエントリーしたほうがいいんじゃないか。怪我したらもともも子もないよ」。そんな声が聞こえてきそうですね。私自身、何度も弱気の虫が覗いていたことは否定できません。

たとえ万全な準備ができなくても

でも、私はたとえ万全な準備ができなくとも、７割程度の勝算があれば、まずはチャレンジすることにしています。

私たち現役子育てパパにとって、「万全の準備」にかける時間などそもそも残されていません。できれば失敗はしたくない。それはそのとおりです。

でも、限られた条件で準備を行い、あとは結果を気にせず、その中でのベストを尽くすことも、いまの私たちにとっては、とても価値のあることだと思うのです。

本書は、私にとって2本目の書籍原稿です。１本目の原稿は１００社超の出版社に持込み相談をし、30社に企画書を審査していただきましたが、結果1社の採用も得られませんでした。いま思えば「あの原稿では商業出版は厳しかったな」と理解できますが、当時は何とかして企画を通したかった。

それでもやはり最初は、７割程度の完成度で持込み相談を始めています。１つひとつの失敗や企画の反省点を踏まえ、今回の原稿では「自分が書きたいこと」ありきではなく、「まず読者が読みたいもの」を想像するところから始めました。

前作を「１００％の完成度にしよう」ともがいていたら、いつまで経っても前進はなかったと断言できます。

もしかするとあなたの中にも、すでに7割の勝算や完成度を手にしている夢や目標があるかもしれません。それ、きっともう始められますよ。

●ポイント――――――――――――――――――――――――――

7割程度の勝算が見えたら、結果を気にせずベストを尽くしてみてください。

6　チャンスは突然やってくる

富士山登頂

「どうしても行きたいなら、今度の夏季休暇を使って行ってきたら?」。

２０１4年夏、妻からの意外なひと言で、私の富士山初登頂は実現しました。ご来光を拝むため、山小屋に前泊して夜の登山にチャレンジしましたが、強風と豪雨というあまりの悪天候の中、山頂登頂が精一杯で、ご来光は影も形もありませんでした。

それでも私は、不意のチャンスをくれた妻に大きな感謝をしています。

土日や祝日、連休など、あなたはどのくらい自由な時間を手にしていますか？

私の場合、次男が生まれてからというもの、基本的には自分の時間は後回し。予定といえば数か月前からエントリーしていたマラソン大会への参加や、時に学生時代の友人と同窓会をする程度です（過去の反省を踏まえ、自らそのように調整しています）。

富士山登山は、期間が7～9月に限られていることに加え、ご来光を拝むには最低でも1泊2日のスケジュールとなります。実際、登山をするとなると、素人である私は、持ち物を揃えたり、登山の知識を身につけたりするなどの準備もしなければなりません。

4歳と1歳の子どもを抱える状態で、そこまで無理は言えないなと、この目標は数年スパンで予定を立てようとしていました。

そこに冒頭の妻からのひと言でしたから、正直ビックリしました。もちろん、せっかくのチャンスですから、その翌日にはかつて所属していたサッカークラブの先輩に声をかけ、山小屋を予約し、準備を整えていきました。

チャンス到来に備える

この節で私が言いたかったこと。それは、「チャンスは自分でつくり出すものだけでなく、突然やってくることもある」ということです。しかし、それを生み出すきっかけは、他ならぬ自分自身でもあります。

後日、妻曰く「最近は家事も頑張ってくれていたから、たまにはいいかなと思って」許可してくれたとのことでした。「絶対に怪我だけはしないように」という厳しい条件付きではありましたが（笑）。

自分だけの力ではどうしようもならない目標に対しても、諦めてしまえば、それはきっと永遠に叶わない目標になってしまうでしょう。いつ叶うかわからない。でも、絶対諦めない。

いつかのチャンス到来に備えて、まずは目の前のことに全力で取り組むことの大切さを教えられた出来事でした。

●ポイント

いつかやってくるチャンスに備えて、日々目の前のことに全力で取り組んでみてください。

7　成功か失敗かは気にしない

ファシリテーターにチャレンジしたい

物事には順序があります。

「これを達成できたら次はこれにチャレンジしよう」。あなたもそんなふうに段階を設けて今後の目標設定をしているかもしれません。私も、基本的には段階を追ってステップアップしていく方法を好みます。

しかし、２０１４年８月、出版という目標を果たした後に始めようと思っていた文章講座のファシリテーターにふとチャレンジしてみたくなりました。

もともと、ライティングという強みを活かして、いつかはこうした活動にもチャレンジしたいとは思っていました。書籍を出版し、その中で体系立てたメソッドのエッセンスを伝えたり、書籍購入者というネットワークを活用して集客を図ったりしていけば、自分でももしかしたらうまくいくんじゃないか、と考えていました。

ちなみに、私は、その目標達成を約10年後の２０２５年に設定していました。私は、そのとき46歳になっています。

目標に向けてコツコツと積み重ねていくことももちろん大切です。でも、私は、あるときこんなセルフトークをしてみました。

「この目標を10年後に設定する理由は何なのか。確実に成功したいからか。それとも、いま勇気がないからか」

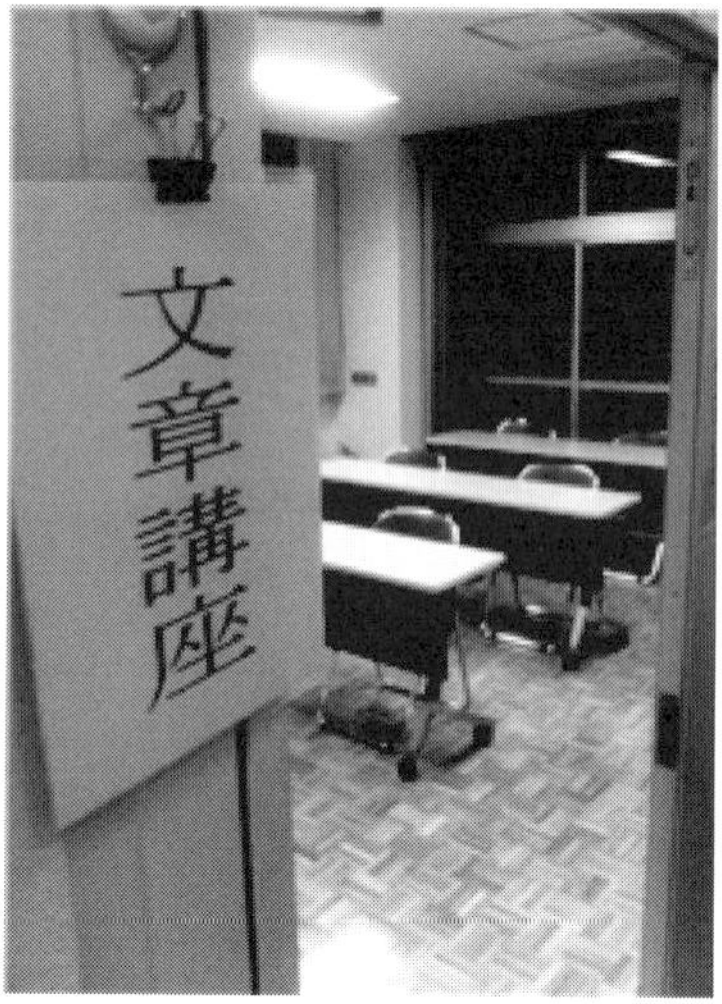

ここでのチャレンジが、本書執筆につながった。（2014年9月撮影）

結論としては、ただ勇気がないだけでした。資格が必要なことであれば、資格を取るための勉強がどうしても必要です。

でも、私たちが立てる目標は、そうでないものも多いはずです。

「あの目標が実現したら……」

「子どもが大きくなったら……」

「もう少しスキルアップしたら……」

先延ばしにする言い訳は至るところに転がっています。でも、実は「成功」というのは、結果のことだけではなく、１歩踏み出し行動を起こしたことそのものにもあるのではないかと、考えられるようになりました。

集客面では失敗だった文章講座

実際、開催した文章講座は、Facebookページやメルマガによる告知の甲斐なく、知人がわずか2名来てくれただけ、という結果に終わりました（参加費無料であるにもかかわらず）。15名収容の貸会議室を手配し、10名の集客を目標に掲げていましたから、その点から見れば完全なる失敗企画です。

でも、私は、このトライをポジティブに捉えています。

理由は2つ。たとえ知人にしか参加してもらえなかったとはいえ、10年後に開催しようと思っていた目標を前倒しで企画・実施できたことが1つ。そしてもう1つは、講座終了後に知人たちから新たな気づきをいただいたことにより、もう1度書籍原稿（本書）を執筆しようというモチベーションが生まれたことです。

当初予定していた順番とは逆になりましたが、結果的にはいずれの目標も前倒しで実現することができました。

誰だって失敗はしたくないですし、傷つきたくないものです。私だってそうです。何度告知しても人が集まらない、というのは苦しみ以外の何物でもありません。

「あー、自分は必要とされていないのかな」

「価値がない取組みなのかも」

　そんな思いが頭をよぎります。

　しかし、1歩踏み出した時点で、すでに成功を収めているのだと思えば、後はどのような結果になっても怖くありません。もちろん、1度経験してしまえば、以後機を見て再チャレンジすることも可能です。

●ポイント――――――――――――――――――――
　成功か失敗かを気にせず、まずは小さな1歩を踏み出してみてください。

8　目標を達成したら次の目標が見えてくる

5年前の挫折

　先日、自宅のPCのとあるフォルダから、書きかけの書籍企画書が出てきました。タイムスタンプを見ると、「2010年」。約5年前につくったファイルでした。

そして、驚くことにその内容は、今回私が執筆した「読者の方々の行動促進に寄与する」という部分でほぼ一致していました。

しかし、５年前といまとの歴然たる違いは、当時は企画書を書き上げることができず、今回は企画書はもちろん、原稿まで書き上げたということです。これが５年間の成長の証といえば聞こえはいいですが、少なくとも私はこのように1度挫折をしています。

その挫折から立ち直ることなく夢を封印してしまっても、何ら不思議ではありません。では、具体的に何がその挫折を乗り越えさせてくれたのでしょうか。

挫折を乗り越える

5年前の私は、確かに出版に憧れてはいたものの、振り返ってみれば、それは遠くから眺める富士山のようなものでした。綺麗に見えるし、いつか登りたいけど、むしろ眺めているだけのほうが居心地が良かったりする。だからその場所から1歩も動くことなく、机上の空論で企画書だけは書き始めてみたものの、すぐに手が止まってしまった。

それから5年間、復興応援活動スタートという人生の転機もあり、目標という山を自分の足で登り始めることができました。1合目、２合目……。足取りは軽快。でも頂上は全く見えてきません。

5合目、6合目……。だんだん苦しさが襲いかかってくる。でも、いまさら引き返すこともできないし、登ってきた足跡を振り返ると心地よい充実感もある。

7合目、8合目、9合目……。疲れはピークに達し、1歩が重い。近くて遠い頂上。でも、間違いなくゴールは近づいている。あと1歩、あと1歩。こうして辿り着いたのがこの書籍企画でした。

その間、メルマガを書いたり、Facebookページを発行したり、文章講座を開いたり、第一弾の書籍原稿（出版には至りませんでしたが）を仕上げたりと1つずつ歩みを進めてきました。もちろん、それぞれの活動の裏には、思うようにいかないことや小さな挫折も数多く含まれます。

でも、それらを1つずつ達成していくことで、新しい目標が生まれ、その結果として、大きな目標にも少しずつですが近づいていくことができました。

あのとき書きかけた企画書は、これからも大切にとっておきます。なぜなら、当時の行動を起こすきっかけをつかめなかった自分がいたからこそ、いま同じようにきっかけを欲しているあなたと出会うことができたからです。

●ポイント――――――――――――――――

1度の挫折でも諦めず、再度立ち向かってみてください。

第8章　使命感をパワーに変える

最終章である本章では、それでもやはり１歩踏み出すのが怖いという方に、最後の後押しとなるパワーをお届けします。

1　それでも夢を取り戻すのは難しい

いざ実行となると、なかなか１歩が踏み出せない

ここまで、夢や目標の取り戻し方、逆境に負けないよう自分で自分を応援する方法、そして実際の行動の起こし方までを紹介してきました。

ノウハウとしてお伝えできることはすべて伝え切ったつもりですが、すぐに行動に繋げられそうでしょうか。

「理屈はわかった。それでも夢を取り戻すのは簡単ではないし、いまさら行動を起こそうとは思えない……」

私自身も、かつて、このような自己啓発本を読んでは知識習得に努めていました。しかし、いざ実行となると、なかなか1歩が踏み出せない。

「もう少し仕事が落ち着いたら……」

「子どもが○歳になったら……」

「そもそもこの方法は自分には向いてなさそう」

などと、理由をつけては先送りしていました。

瓦礫の散乱する石巻の街。（2011 年 6 月撮影）

使命感が後押し

その頃と比較し、東日本大震災を経て私の中で最も変化したこと。それは２つの「使命感」が生まれたことでした。

１つは、震災から３か月目のこと。

宮城県石巻市に赴き、現地の惨状を目の当たりにしているとき、少しでも状況を知りたいと、瓦礫が散乱する町をゆっくりと当てもなく歩く方々のうち１人の女性に話しかけました。

その女性は、震災発生当時の周囲の状況や避難所での暮らしぶりなどを30分以上話してくれました。

そして最後に写真を撮らせてくれました。

このとき私は、その女性と約束しました。

「あなたから教えていただいたことを、これから1人でも多くの方に伝えていきます」と。

そのとき、私の中には確実に「使命感」が芽生えました。

もう1つが、子どもたちの未来に対する使命感です。自分の子どもや同じ世代を生きる子どもたちに少しでも良い環境を残したい。震災を通じて、そのようなことを強く感じ、まずは自分から行動を起こすようになりました。

すべては、この2つの使命感が後押ししてくれました。

あなたの夢や目標も、あなただけのものではありません。それを実現させる使命がきっとあるはずです。

本章では、あなたの1歩を後押しする「使命感」の育み方について、一緒に考えてみたいと思います。

2　父親であることに誇りを持つ

子どもたちを一人前に育てていくという使命

私たちに共通していること。それは「父親である」ということです。それだけでもすで

第8章　使命感をパワーに変える

に私たちは大きな使命を受けています。子どもたちを一人前に育てていくという使命です。

普段は私自身も、そこまで深く考えて育児しているわけではありません。

一緒に遊んだり、風呂に入れたり、オムツを替えたりするだけで精一杯の日々です。

しかし、時々我に返ってこう思うのです。

「この子たちの父親であることは、自分だけに与えられた使命なのだ」と。他の誰でもない。母親とも違う。自分だけに与えられた唯一の役割です。

私はそれを、本業と家事育児、そして、自分の夢を追いかけることを通じて実践しようとしているに過ぎません。

私がたとえ夢や目標を追いかけなくても、子どもたちはきっと変わらず元気に成長していくでしょう。

でも、私のほうは、子どもたちが与えてくれた使命感がなければ、これらの活動に踏み出すことは恐らくできませんでした。

だからこそ、できる限りのことを全力で取り組んでいこうと決めました。

この子たちの父親として、悔いのないように。

● ポイント ー

子どもたちからどのような後押しを受けているか、振り返ってみてください。

151

3　その行動は、誰を幸せにするか

孫の写真やＤＶＤと同等の安心材料とは

私の父と母は、広島県に住んでいます。

一方で私の自宅があるのは千葉県です。両親とは年1～2回会えればいいほうで、年によっては1度も帰省できないこともあります。

孫の写真やＤＶＤを送ることで近況報告はしているつもりですが、本来ならもう少し直接顔を見せる回数が多いほうがいいかなとは思っています。

私が復興応援活動の一環としてメルマガの発行を始めたのは、２０１１年7月。このときは、「ライティングという強みを活かして、自分でもできる支援がしたい」という単純な動機でした。しかし、このメルマガがいま、思わぬ効果を発揮しています。

どうやら父と母にとって、隔週で届く私からの近況報告になっているようなのです。

いくらライティングが強みだとはいえ、実の親に日々近況や自分の抱いている想いを伝えるのはいささか恥ずかしい気持ちになります。

でも、メルマガというツールであれば、他の読者の方にも伝えている内容ですから、それほど抵抗はありません。

子どもが生まれてからは、私もようやく親のありがたみというものを実感できるようになってきたので、このツールが少しでも両親にとっての安心材料になったり、これまでの感謝を表すツールになったりしてくれていれば、という気持ちでいます。

ここまではあくまでも私の例ですが、あなたがこれから取り組む活動も、きっと誰かを励まし、幸せにするものとなるはずです。

●ポイント

あなたの活動は誰を幸せにするか、その方々に想いを巡らせてみてください。

4　夢が叶ったときの自分を書き記してみる

ライティングの効用

メルマガの話をしたので、もう1つライティングの効用について話します。

アウトプットの重要性は、多くのビジネス書や自己啓発書でもうたわれています。

文章や絵として頭の中にあるものを表に出すことで、目標にリアリティが生まれたり、いつでも見返せるアイコンになったりします。

私もよくノートに思ったことを綴ったり、スマートフォンのメモで考えたことを整理したりしています。その中でも、特におすすめするのが、「○○年後の自分」というテーマで文章を書いてみることです。

私の場合は、自分が60歳になる「24年後の自分」という文章を書き、それをスマートフォンのメモにストックしています（毎朝、この文章を見返すことで1日の発奮材料にしています）。「自分は55歳のほうが書きやすい」ということであれば、設定を変えていただいても構いません。

いずれにしても、将来何をしていたいかを明確にすることで、いまやるべきことが自然と見えてきます。

そして、その準備期間は意外と少ないということにも気づきます。

ちなみに私は、子どもが巣立ったら、小さくてもいいので地域の方が集まる文章教室を開きたいと考えています。そのことに気づいたとき、いまやりたいことややるべきことが自然と見えてきました。

もちろん、5年後、10年後という中期的な展望でも構いません。要は、将来の自分からいまの自分を見つめ、いま何をすべきなのかを考えられればそれでいいのです。

「いまの私たち」は「過去の私たち」の積重ねであり、また、「将来の私たち」は「いまの私たち」の積重ねです。そう考えれば、「いまの私たち」には、「将来の私たち」を形づくる使命があるといえます。

●ポイント――――――――――――――――――――

将来のあなたに対する、いまのあなたの使命は何かを考えてみてください。

5　減点方式ではなく、加点方式で

なかなか結果や成果が出ないとき

「日々全力で頑張っているが、全然結果が伴わない。もうこれ以上やっても無駄なのではないか……」。

せっかく行動を起こすことができたとしても、なかなか結果や成果が出ないことがあります。また、自分の納得いくだけの時間をかけられなかったり、さまざまな外的要因により集中を妨げられたりすることもあります。

私の心もよく折れそうになります。

「平日は毎日帰宅が遅いし、休日は家事育児。その隙間時間をなんとか捻出して活動しているのに誰も認めてくれないし、思うように進まない。もう止めてしまおうか……」。

この書籍原稿を書いているときも度々そんな想いを抱いていました。好きでやっていることではありますが、夢や目標を持って取り組む以上、成長や進歩がやはり欲しい。その手応えがなければ、気持ち的にも萎えてきてしまいます。

そんなとき、私は、減点方式ではなく、加点方式で考えるようにしていました。使命感とは「成功しなければならない」という義務のことではありません。たとえベストな結果が出ていなくても、昨日より前進すること。たとえ「1㎜」であっても目標に近づくことだと私は思っています。

世に出るかもわからない原稿をひたすら書き続けていた私は、「昨日と比較して、2ページ分完成原稿が増えた」といった小さな前進ですら、自分の糧にしていきました。

その私でさえ、このようにあなたに文章を読んでいただくという目標を実現できたのですから、あなたもきっといつか望んだ結果を出せると信じています。

●ポイント－－－－－－－－－－－－－－－－－－－－－－－－

1日の最後に、その日どのような前進をしたか振り返ってみてください。

6　家族に支えられている私たち

家族や周囲の方々を大切にすることも私たちの使命

ここまでお伝えしたことは、あくまでも２児の父である私の経験に基づく方法の１つです。

ここで紹介させていただいたことが、あなたの夢や目標の実現に少しでもお役に立っていれば、それに勝る喜びはありません。

この節でお伝えしたいのは、私たち子育てパパは、家族を支えていく一方で、家族にどれだけ支えられているかということです。

今回紹介してきたことはすべて、妻や子どもたちが健康であり、私の見えないところでそれぞれが私を支えてくれているからこそ実現できていることです。

妻や子どもたちに限りません。両親や義父母、その他親戚や知人友人も同様です。

確かに形には見えづらいのですが、この事実を疎かにし、「自分はこんなに頑張っている」と声を張り上げてばかりでは、家族や知人友人の賛同を得続けるのは難しくなるでしょう。

私も、かつては大きな勘違いをしていました。

独りよがりで、「自分だけが頑張っている」という間違った自負心がありました。近視眼的な使命感を持っていました。

自分と相手の期待することがすれ違い、家族がバラバラになりそうなこともありましたし、大切な友人を失ったこともあります。

だからこそ、本書を手に取ってくださったあなたには、私と同じような過ちは繰り返さないでほしいのです。

夢や目標を追いかけることは素晴らしいことだと私は信じています。

でも、私たちは生活や成長の基盤となる大切な本業を持ち、何より家族や周囲の方々に恵まれている。その土台をまずは大切にすることも私たちにとっての使命ではないかと思うのです。

私自身、１つの目標を設定すると周囲が見えなくなる性格ゆえに、こうしたバランスを保つのは簡単ではありません。この節は、そんな自分に対する自戒も込めて書かせていただきました。

●ポイント

本業や家庭という基盤を、とにかく大切にしてください。

7　同じ日本に生きる者として

東日本大震災発生時に自身が抱いた想いを振り返る

30代の私が、それまで何度も諦めかけていた夢や目標を掲げ、実際それらに向けて取り組んでくることができたのは、本章でご紹介したような「使命感」があったからこそです。

そして、その使命感を私に与えてくれたのは、繰返しになりますが、東日本大震災でした。家族のありがたみ、いま生きていることへの感謝、そして明日が決して約束されたものではないという現実。

あの日から私は、1日たりともあの出来事を忘れたことはありません。「3・11を忘れちゃいけない」という想いを伝え続けることが自分の使命だと言い聞かせ、活動してきました。東日本大震災はこの本を手にとってくださったすべての方にも忘れられない出来事のはずです。

もし、夢や目標を取り戻してはみたものの、何となくエネルギーが出ないときや挫折や逆境に負けそうになったときは、いま1度、「東日本大震災発生時に自身が抱いた想い」

というものを振り返ってみていただけないでしょうか。

そして、父として、夫として、1人の男として、「いまの自分に何ができるか」と問いかけてみてはいただけないでしょうか。

最後に私の好きな言葉を紹介させてください。

「自分が行動したことすべては取るに足らないことかもしれない。しかし、行動したというそのことが重要なのである」（マハトマ・ガンジー）

あなたのこれからの新たな1歩を心から応援しています。同じ現役子育てパパとして、一緒に頑張っていきましょう！

本書のまとめ

多忙な仕事に、終わりの見えない家事・育児。本当は夢や目標も諦めたくないけど、いまの状態じゃどうせ無理だよな……。

そんな心折れそうな現役子育てパパに、自分自身を応援する方法をお伝えする、というのが本書の目的でした。

すでにお気づきの方もいらっしゃるとは思いますが、全章を通じて最も伝えたかった方法とは、「本気で夢や目標を取り戻し、日々を精一杯生きていくこと」そのものに他なりません。

夢や目標には、弱気な自分を奮い立たせてくれるエネルギーがあります。日々の単調な生活や当たり前のことを意味のあるものにしてくれる不思議な力があります。心折れそうになる自分を応援し、後押ししてくれる存在なのです。

もちろん、一時的な楽しみや安心感、明日への活力を手に入れるのであれば、友人とお酒を酌み交わしたり、趣味でストレスを発散したりすることだけでも叶えられます。

でも、それはあくまでも一時的な解消方法に過ぎないのではないか、というのが、私が経験から導き出した結論です。

継続的に今の自分を鼓舞し続けるうえでは、やはり大きな夢や目標に向けて行動することが重要ではないかと思うのです。

４００ｍハードルで３度のオリンピックに出場した為末大さんが、とある記事で述べていたこんな言葉があります。

「僕は長い競技人生で、段々と目標を達成する為に努力があるのではなく、努力する為に目標を設定するのだと思うようになった。目的は目標の達成ではなく、いまこの瞬間を精一杯生きる事」。

【引用：ソフトブレーン株式会社 メールマガジン「宋メール」第２１１号】

現役子育てパパにとっても大いに参考になる言葉ではないでしょうか。

本書では、私の経験を通じて実践してきた「夢や目標を取り戻し、日々を精一杯生きていく」ための具体的な方法を紹介してきました。

たとえこの書籍で書いてある方法を実践したとしても、やはり心折れそうになる日はやってくるでしょう。

仕事の責任や家庭を築いていく大変さに、押し潰されそうになる日々。目標になかなか辿り着かないもどかしさ。努力が認められない悔しさ。やり場のない怒り。

さまざまな感情が私たちに押し寄せてくることでしょう。

しかし、その1つひとつの感情に一喜一憂するのではなく、それらを夢や目標に向けた試練と捉え直すことで、きっとあなたの折れそうな心は少しずつブレないものになっていくはずです。

どうか自分自身を諦めないでください。そして、夢や目標を追いかけることで、仕事も、家事も、子育ても、より実りあるものにしてください。

あなた自身同様、私もあなたを応援しています。

あとがき

思えばこれまで、何をやるにも中途半端な人生でした。

30代を間近に書籍編集者になるという夢を絶たれ、仕事に本当の意味での目標を見いだせずにいました。仕事の忙しさを言い訳に、家事や育児はほとんど妻任せにしていました。いざ、自分がやるときは、いつも「なぜ自分がこんなことを……」と思っていました。自分の努力不足を反省することなく、友人の成功に嫉妬ばかりしていました。人に悪く思われないよう、自分の本音を押し殺してばかりいました。仕事にも家事にも育児にも中途半端な生き方をしていました。

3・11。あの日から、私はさまざまなことを考えました。家族のこと、仕事のこと、自然災害のこと、日本のこと、そして、明日が来ないかもしれないということ。

生まれてから32年。これほど真剣に世の中の出来事に向き合ったことはありませんでした。世の多くの方々も同じ気持ちだったと思います。しかし、それなのに、なぜでしょうか。1か月が経ち、2か月が経ち、そのうち周囲からだんだんと震災のことが語られなくなっていきました。

「あれ、あんなに『いま、何ができるか』って言っていたのに、もう終わりなのかな?」

これが私の偽らざる気持ちでした。

でも、私は絶対忘れたくなかった。目を背けたくなるような出来事もたくさんありましたが、一方で、あの環境下でも他者を想いやる被災地の方々の利他の心に触れることができました。家も家族も何もかも失っても再起を誓った経営者の方々の勇気に触れることができました。安定した職を投げ出して、被災地に向かった若者の行動力に触れることができました。

こうした方々が私に教えてくれたことを無駄にしたくなかった。みんなにも無駄にしてほしくなかった。

それなら自分が、「3・11を忘れない」ように、微力でもいいから発信し続けていこう。こうして本業の傍ら、私の復興応援活動が始まりました。

その過程で私は、書くこと、行動を続けることを通じて、さまざまな方と出会い、学びを深めることができました。そして、何をするにも中途半端だった自分が、少しずつではありますが、1つのことに全力を尽くすことができるようになりました。いまでは、少なくとも2011年から丸20年にあたる2031年まで活動を続けることを決めています。

「震災を機に変わることができた」

不謹慎に聞こえるかもしれませんが、そんな自分が、いま、何かできることがあるとするなら、それはきっと私自身が自分なりの使命感を持って取り組んできた行動の背景にあるものを1人でも多くの方に伝えていくことだと思い、本書にまとめました。

活動初期よりエールを送っていただいているメルマガ読者やFacebookページ登録者の

皆様には、本当に頭が上がりません。その応援がどれだけ私を勇気づけてくださっていることでしょう。

また、毎回半ば強引に独自企画に巻き込んでいるにもかかわらず、快く応援してくださる知人、友人、身勝手な私の活動を後押ししてくれている両親、義父母、その他親族の支えがあってここまでこられたことは一生忘れません。

2人の息子たちからは日々さまざまな教えと励ましをもらっています。これからも切磋琢磨しながら一緒に成長していきましょう。

そして何より、これまで迷惑ばかりかけていた妻には、言葉では表せないほど感謝をしています。その強さと優しさを、これからも長い時間をかけて少しずつ教えてくださいね。

最後に、3・11を機に変わることができた自分は、これからも活動を通じて、何かしらの形でその恩を返していこうと思っています。わずかではありますが、本書の印税もすべて、あしなが育英会様の東北復興支援事業にお役立ていただくことが決まっています。

もし、本書を手に取ってくださったあなたからもご支援をいただけるとしたら、それは私にとってこの上ない喜びです。

最後まで読んでくださって本当にありがとうございました。

3・11を語り続けるボランティアライター　花木　裕介

参考文献

・『一生折れない自信のつくり方』青木仁志著・アチーブメント出版刊
・『折れない心をつくるたった1つの習慣』植西聰著・青春出版社刊
・『応援する力』松岡修造著・朝日新聞出版刊
・『やりたいことをやれ』本田宗一郎著・PHP研究所刊
・『道をひらく』松下幸之助著・PHP研究所刊
・『オトコの子育て講座』青木匡光著・教育評論社刊
・『東日本大震災 心をつなぐニュース』池上彰＋文藝春秋編・文藝春秋刊
・『死ぬときに後悔すること25』大津秀一著・致知出版社刊
・『嫌われる勇気』岸見一郎、古賀史健著・ダイヤモンド社刊
・『夜と霧』V・E・フランクル著、池田香代子訳・みすず書房刊
・『生きてやろうじゃないの！　79歳・母と息子の震災日記』武澤順子、武澤忠著・青志社刊
・『7つの習慣』スティーブン・R・コヴィー著・キングベアー出版刊
・『セルフトークマネジメントのすすめ』鈴木義幸著・日本実業出版社刊
・『9つのライフ・レッスン 3・11で学んだ人生で一番大切なこと』諸富祥彦著・実務教育出版刊
・『人を助けるすんごい仕組み　ボランティア経験のない僕が、日本最大級の支援組織をどうつくったのか』西條剛央著・ダイヤモンド社刊
・『大人の「男」になる85ヵ条』弘兼憲史著・講談社刊

著者略歴

花木　裕介（はなき　ゆうすけ）

1979年広島県生まれ。2001年、中央大学文学部卒業。現在は妻、長男（4歳）、次男（1歳半）の4人暮らし。

商業ライターとして経験を重ね、2007年に日本最大規模のコーチングファームに移籍。ライティングコーチとして4年間の研さんを積む。これまでに、企業のエグゼクティブ、管理職から一般社員、著名人など、延べ1,000名以上の方への取材執筆や記事編集を手掛けることで、取材対象者や読者の行動促進を後押しする。東日本大震災発生以降は、単身宮城県石巻市を訪れたのを機に、独自の復興応援活動をスタート。「3.11を忘れない」というメッセージを全国に浸透させていくべく、Facebookページ、復興応援メルマガなどを立ち上げる。

一方で、子どもたちの誕生や成長により、本業や育児との両立が一層難しくなり、一時は活動休止も視野に入れる。しかし、「継続を諦めたくない」という一心で一念発起。環境を変えることなく、自らを鼓舞する手法を体系化し、実践する。

その後も、チャリティTシャツ制作や自らTシャツを着用してのフルマラソン出場などを企画・展開。新たな挑戦を続けることで、きょうもゴールの見えない日々を生きる方々を応援し続けている。

《著者のセルフメディア》

★Facebookページ『「忘れてないよ」のメッセージを「いいね」で伝えよう～100万人でつなぐ！東北への想い～』

http://www.facebook.com/gienkin.mailmaga

★メルマガ「3.11を忘れないためにできること」

http://archive.mag2.com/0001317037/index.html

心折れそうな自分を応援する方法
ー現役子育てパパでも夢を諦めない

2015年1月21日発行

著　者　花木　裕介　©Yusuke Hanaki

発行人　森　忠順

発行所　株式会社 セルバ出版
〒113-0034
東京都文京区湯島1丁目12番6号 高関ビル5B
☎03（5812）1178　FAX 03（5812）1188
http://www.seluba.co.jp/

発　売　株式会社 創英社／三省堂書店
〒101-0051
東京都千代田区神田神保町1丁目1番地
☎03（3291）2295　FAX 03（3292）7687

印刷・製本　モリモト印刷株式会社

Printed in JAPAN
ISBN978-4-86367-187-4